Andreas Giger
René Künzli

Die
VISION
REIFE
SCHWEIZ

Plädoyer für
eine werteorientierte
Zukunft

Texte: Andreas Giger und René Künzli
Bilder : Andreas Giger

Alle Rechte für Texte und Bilder liegen bei Andreas Giger

1. Auflage 2011
Satz und Gestaltung: Andreas Giger
Herstellung und Verlag: Books on Demand GmbH, Norderstedt,
www.bod.de

ISBN - 9783842355415

*Die Zeit ist reif
für eine
reife Vision
von der
Zukunft
der Schweiz.*

Inhalt

Die VISION REIFE SCHWEIZ in Kurzform

Im Vertrauen auf die Entwicklungsfähigkeit von Land und Volk geben wir uns die VISION REIFE SCHWEIZ:

Wir wollen die Chancen der älter werdenden Gesellschaft für eine politische, wirtschaftliche, gesellschaftliche und kulturelle Reifung der Schweiz nutzen.

Reife ist für uns das Konzentrat aus zehn (immateriellen) Werten, auf die sich die REIFE SCHWEIZ verpflichtet:

1. **Weiser Sinn:**
   Im Wissen darum, dass Weisheit kein Zustand ist, sondern ein Prozess, pflegt die Reife Schweiz intensiv die geistigen Ressourcen *Identität* (wer sind wir?), *Orientierung* (wohin wollen wir?) und *Sinn* (wozu sind wir da?).

2. **Nachhaltige Lebensqualität:**
   Der Leit-Wert der Reifen Schweiz heisst: *möglichst gute Lebensqualität für möglichst viele.* Sie weiss dabei, dass Lebensqualität *nur nachhaltig denkbar* ist.

3. **Reife Erfahrung:**
   Weil sie weiss, dass man aus Erfahrung klug wird, schätzt die Reife Schweiz das *aus Erfahrung gewonnene Wissen von Menschen im reiferen Alter* und *nutzt* es überall. Hohe Qualität bei Produkten und Dienstleistungen etwa wird am besten durch das Urteil der reifen Konsumenten gewährleistet.

4. **Respektvolles Miteinander:**
In der Reifen Schweiz kämpfen die *Generationen* nicht gegeneinander, sondern formen *gemeinsam* die Zukunft. Die Generationen gehen gleichberechtigt miteinander um, Altersdiskriminierung gibt es nicht. Wenn sich jugendliche Innovationskraft und reife Abgeklärtheit kreativ mischen, geht es allen am besten.

5. **Mediativer Ausgleich:**
In diesem Land blühen die *sozialen Tugenden und Kompetenzen* wie Solidarität, Toleranz, Respekt und Einfühlungsvermögen. Leben und leben lassen. Konflikte löst man mit allseitig akzeptierten kreativen Ansätzen nach dem Prinzip der Mediation.

6. **Souveräne Gelassenheit:**
Die Reife Schweiz *ruht in sich selbst* und navigiert deshalb mit Gelassenheit im Strom der Zeit. In sich mit Gelassenheit zu ruhen, aber auch Abstand zu sich zu haben, ermöglicht einen *entspannten Umgang* miteinander und mit der Welt.

7. **Gesundes Selbst-Bewusstsein:**
In der Reifen Schweiz wächst Selbstbewusstsein aus Selbst-Bewusstsein. Man kennt sich und seine Möglichkeiten und Grenzen und weiss, was man will. *Gesundes Selbstvertrauen ohne Überheblichkeit* ist die Frucht dieser Souveränität.

8. **Standfeste Offenheit:**
Die Reife Schweiz ruht in sich selbst, um offen auf andere zugehen zu können. *Heimat und Welt* sind keine Gegensätze, sondern *bedingen sich gegenseitig*, denn nur fest verwurzelte Bäume wachsen in den Himmel.

9. **Dankbare Zufriedenheit:**
   In der Reifen Schweiz herrscht dankbare Zufriedenheit. Man akzeptiert wirtschaftliche Sättigungstendenzen auf hohem Niveau und konzentriert sich auf *Qualität und Werte*. Wahre Zufriedenheit kommt von innen.

10. **Bejahte Evolution:**
    Reifung in unserem Sinn bedeutet ständige Evolution. Die Individuen und das Land *entwickeln sich weiter*, nicht nur, um sich anzupassen, sondern auch aus eigenem kreativem Antrieb. Die Reife Schweiz weiss: Nur wer sich wandelt, kann sich treu bleiben.

Die Vision einer REIFEN SCHWEIZ, die sich an diesen zehn Werten orientiert, ist für uns eine attraktive und zukunftsgerichtete Alternative zur einseitigen Fixierung auf den materiellen Wohlstand.

Wir betrachten die REIFE SCHWEIZ als ideales Ziel, dem wir uns Schritt für Schritt annähern können, ohne es je ganz zu erreichen.

HINTERGRÜNDE

1. Leuchtturm in der Zukunft

Wozu die Schweiz Visionen braucht

Ein Land, das keine Vorstellung von seiner Zukunft hat, hat keine Zukunft. In einer sich rasend schnell wandelnden Welt genügt dabei die Vorstellung, es könne und solle alles einfach so weitergehen wie bisher, nicht mehr. Und schon gar untauglich ist die Vorstellung, ein Land könne in eine verklärte Vergangenheit zurückkehren, die es so ohnehin nie gab. Zukunft ist immer mehr als die Summe aus Vergangenheit und Gegenwart.

Das Problem mit der Zukunft ist natürlich, dass sie weitgehend im Dunkeln liegt. Doch das ist zugleich unsere grosse Chance. Weil die Zukunft noch offen vor uns liegt, können wir sie gestalten.

Um unseren Weg in Richtung morgen und übermorgen zu erhellen, müssen wir allerdings zunächst Licht ins Dunkle der Zukunft bringen. Wie ein Schiff, das in dunkler Nacht unterwegs ist, brauchen wir Leuchttürme in der Zukunft.

Fragt sich nur: welche? Zwar sind vermeintliche Leuchttürme reichlich im Angebot, doch es lohnt sich ein kritischer Blick darauf.

Auf der einen Seite finden wir Utopien: Jemand stellt sich eine ideale Welt vor und verkauft das dann als Zukunftsentwurf. Einmal abgesehen davon, dass sich unterschiedliche Menschen unterschiedliche ideale Welten vorstellen, was dazu führt, dass keine Utopie nahtlos verwirklicht werden kann (es sei denn mit Gewalt), kranken alle Utopien daran, dass sie keinerlei Realisierungschancen haben. Zu komplex ist nämlich die Welt, um sie in ein ideales Schema zu pressen. Nicht ohne Grund bedeutet Utopie denn auch wörtlich „kein Ort, nirgendwo".

Das Gegenstück zu den Utopien bilden die Prognosen: Dabei behaupten die so genannten Prognostiker, so würde die Zukunft, und nicht anders. Prognosen allerdings kranken daran, dass die Zukunft grundsätzlich nicht vorhersehbar ist. Das sehen wir bei den Wetter- und den Wirtschaftsprognosen, die trotz riesigen Aufwands an Gehirn- und Computerkapazität auf keinen grünen Zweig kommen. Zu Recht hat ein Spötter schon vor langer Zeit formuliert: „Prognosen sind schwierig, besonders wenn sie die Zukunft betreffen...“

Das ist auch gut so. Denn wäre die Zukunft tatsächlich vorhersehbar, würde uns das keinerlei Spielraum bei ihrer Gestaltung übrig lassen. Zum Glück jedoch ist die Zukunft offen und kann von uns mitgestaltet werden.

Dabei wird natürlich nicht alles nach unseren Wünschen verlaufen. Manche Entwicklungsströme sind zu stark, um sie aufhalten oder ablenken zu können. Doch es bleiben genügend Spielräume der Zukunftsgestaltung offen, in denen unser aktives Engagement gefragt und wirkungsvoll ist.

Hier schlägt die Stunde der Visionen. Eine Vision ist nach unserem Verständnis nämlich jener Punkt in der Zukunft, an dem wünschbare und denkbare Entwicklungen zusammen kommen. Eine Vision gibt also Antwort auf die Frage, wohin wir wollen, und bleibt dabei zugleich auf dem Boden, indem sie eine realistische Basis hat: Visionen lassen sich nämlich grundsätzlich verwirklichen.

Eine Vision integriert also Utopie und Prognose, indem sie die Vorteile dieser beiden Arten von Zukunftsentwürfen aufnimmt und ihre Nachteile vermeidet. Sie berücksichtigt unsere Wünsche an die Zukunft, ohne sich im unrealistischen Nebel einer Utopie zu verlieren, weil sie nur von solchen Wünschen spricht, deren Realisierung denkbar und möglich ist. Visionen sind somit ideale Leuchttürme in der Zukunft.

Wir sprechen dabei bewusst von Visionen in der Mehrzahl. Niemand kann in einer offenen Gesellschaft den Anspruch erheben, über die einzige und allein selig machende Vision zu verfügen. Das gilt auch für die hier vorgestellte Vision von der Zukunft der Schweiz. Sie will und soll sich dem Wettbewerb mit anderen Visionen stellen. Und sie schliesst andere visionäre Vorstellungen nicht aus, sondern kann von diesen befruchtet werden, so wie sie umgekehrt andere Zukunftsvorstellungen befruchten kann.

Der Qualitätsmassstab für eine Vision ist ihre Attraktivität. Das lässt sich durchaus wörtlich verstehen, denn Attraktivität bedeutet ganz einfach Anziehungskraft. Wenn eine Vision attraktiv ist, wird sie von immer mehr Menschen geteilt und entfaltet so ihre Wirkung als strahlender Leuchtturm in der Zukunft, der uns den Weg dahin erhellt.

Eine Vision ist also ein Attraktor, ein Anziehungspunkt in der Zukunft. Doch zugleich sagt eine Vision immer auch viel über die Gegenwart aus, in der sie entstanden ist. Genauer über das, was uns daran stört und missfällt, was wir zurücklassen und nicht in die Zukunft mitschleppen wollen.

Davon gibt es auch in der Schweiz reichlich. Und gerade weil uns die Zukunft der Schweiz am Herzen liegt, möchten wir beim Unbehagen darüber nicht stehen bleiben, sondern dieses Unbehagen in einen positiven Alternativentwurf der Zukunft der Schweiz transformieren. Denn das ist Teil unserer Vision: Dass Kritik nicht um ihrer selbst willen geübt wird, sondern dass auch dahinter ein konstruktiver Geist wehen soll.

Wozu bildet unsere Vision eine Alternative? Nun, es ist wohl kein Zufall, dass sie in einem Jahr entstanden und formuliert worden ist, in dem eidgenössische Wahlen stattfinden. Schliesslich hängt von der Politik nicht allein, aber doch ganz wesentlich die Zukunft der Schweiz ab. Was in der Politik geschieht, kann deshalb niemandem gleichgültig sein, dem diese Zukunft ein Herzensanliegen ist.

Was auf dieser politischen Bühne seit geraumer Zeit geboten wird, ist nicht sehr erbaulich. Dabei sei daran erinnert, dass auf dieser Bühne in der Schweiz nicht nur die Politiker mitspielen, sondern auch das Volk, also Sie und wir. Und zu viele machen mit, wenn über Pseudoproblemchen gestritten wird, als ob der Weltuntergang bevorstünde, während die wahren Herausforderungen der Zukunft wie die Tatsache, dass wir als Menschen wie als Gesellschaft immer älter werden, ignoriert oder auf die lange Bank geschoben werden.

Auch im Umgang miteinander sind Verluderungstendenzen feststellbar: Alle beharren auf ihren Maximalforderungen, der Andersdenkende wird zum Feind erklärt, der böse Absichten hegt. Und manche würden am liebsten alle, die nicht ihrer Ansicht sind, aus dem gemeinsamen Sandkasten rauswerfen.

Das alles wirkt auf den gereiften Beobachter kindisch und pubertär, mit einem Wort unreif. Die Alternative dazu kann nur Reife heissen, und deshalb beschreibt unsere Vision eine Reife Schweiz.

Das Wort Vision hat übrigens denselben Wortstamm wie „Sehen". Eine Vision ist also einfach eine andere Art der Betrachtung der Zukunft, eine Erweiterung der Perspektive, des Horizonts. Auch so gesehen braucht die Schweiz dringend neue Visionen...

2. Aus alt mach reif

Wie Reife zum Attraktor wird

Ein Gespenst geht um in Europa: das Gespenst der Überalterung. Wohl wissen aufgeklärte Zeitgenossen, dass man sich vor Gespenstern nicht zu fürchten braucht, doch kann man andererseits auch davon ausgehen, dass in ihnen oft ein realer Kern steckt. Dieser besteht darin, dass wir tatsächlich älter werden, als Individuen wie als Gesellschaft.

Letzteres ist eine Folge der nach wie vor steigenden durchschnittlichen Lebenserwartung in Kombination mit einer niedrigen Geburtenrate. Das bewirkt, dass das Durchschnittsalter sowie der Anteil älterer Menschen steigen. Man nennt dies auch „demografische Entwicklung.

In der Schweiz ist diese besonders gut sichtbar, doch ist davon auszugehen, dass über kurz oder lang überall auf der Welt das Phänomen der älter werdenden Gesellschaft anzutreffen sein wird - etwas, was es so in der Geschichte der Menschheit noch nie gab. Das ist der erste Grund für die Angst vor der „Überalterung": Wir fürchten uns vor dem Unbekannten.

Der zweite Grund liegt darin, dass uns die Tatsache der älter werdenden Gesellschaft tatsächlich vor einige ernsthafte Herausforderungen stellt. Es geht dabei um die Sicherstellung der Altersfinanzierung, um Lebensarbeitszeiten oder um erhöhten Pflegebedarf. Und ganz grundsätzlich um das Verhältnis zwischen den Generationen. All diese Fragen werden unseren guten Willen und viel Kreativität beanspruchen, doch es spricht nichts dagegen, dass sie lösbar sind wenn wir sie zwar respektvoll, aber nicht ängstlich angehen.

Wirklich verstehen lassen sich die angesprochenen Ängste nur, wenn wir uns bewusst machen, dass das Stichwort „Alter" in uns immer noch viele negative Assoziationen weckt: Krankheiten. Abbau. Defizite. Abhängigkeiten. Auch wenn viele Studien und der Augenschein mittlerweile beweisen, dass wir bis ins hohe Alter gesund und munter bleiben können, so belasten doch die erwähnten Vorurteile unser Bild vom Alter.

Und weil das menschliche Denken dazu neigt, auch grössere soziale Gebilde wie eine Firma oder ein Land immer mit einem einzelnen Menschen gleichzusetzen, übertragen wir die negativen Altersbilder nach dem Motto „Ein Land ist auch nur ein Mensch" auf die Zukunft der Schweiz.

Und genau in dieser Analogie zwischen einem Individuum und einem Land liegt unser Ansatzpunkt für die Vision Reife Schweiz: Wir fragen zunächst, ob das Älterwerden eines Menschen nebst Risiken auch Chancen birgt, und übertragen dann diese positive Sichtweise auf das Land Schweiz.

Eine Vision, so haben wir im ersten Kapitel festgestellt, beruht auf einem Wechsel der Sichtweise. Worin nun könnte eine neue Sicht des Älterwerdens bestehen? Die Lösung finden wir auf dem Obstmarkt. Wenn dort an einem Stand „alte Äpfel" angepriesen werden und am nächsten „reife Äpfel": Welchen Stand wählen Sie dann?

Das ist natürlich eine rein rhetorische Frage. Selbstverständlich wählen Sie die reifen Äpfel. Und stellen sich dabei hoffentlich die Anschlussfrage, ob dieser Wechsel von alt zu reif nicht auch für uns Menschen Sinn machen könnte. Die Antwort kann nur Ja lauten.

Tatsächlich enthält unser Älterwerden das Potenzial der Reifung. Vom Apfel können wir wie vom Wein oder vom Käse lernen, dass Reifung einen Zuwachs an

Qualität bedeutet. Dasselbe gilt auch für uns Menschen: Reifer zu werden ist gleichzusetzen mit einem Zuwachs an Lebensqualität. Für den reifer gewordenen Menschen ebenso wie für seine Mitmenschen.

Damit haben wir auch schon ein wesentliches Merkmal von Reife identifiziert: Es geht dabei nicht um Quantität, sondern um Qualität. Qualität jedoch lässt sich nicht definieren, weshalb wir auch keine exakte Definition von Reife liefern können. Was unreifes Verhalten ist, können wir ziemlich genau beschreiben, doch beim Gegenteil, also für reifes Verhalten – und für eine reife Persönlichkeit – sind wir auf Umschreibungen angewiesen.

Das macht nichts. Entscheidend ist, dass die Vorstellung von Reife in uns positive Gefühle auslöst. Die Vorstellung, dass wir nicht nur älter werden müssen, sondern auch reifer werden können, ist erfreulich. Wir haben damit die Möglichkeit, die unvermeidliche Tatsache, dass wir alle älter und alt werden, neu und positiv zu interpretieren. Mit anderen Worten: Mit der Aussicht auf Reifung haben wir einen überzeugenden Grund, uns auf das Älterwerden zu freuen.

Und das macht einen entscheidenden Unterschied. Statt wie das Kaninchen auf die Schlange auf die nicht wegzudiskutierenden weniger erfreulichen Folgen des Alterns zu starren, können wir nun auch die Potenziale und Chancen dieses Prozesses sehen. Sie liegen in den erfreulichen Möglichkeiten eines Reifungsprozesses.

Wohlgemerkt: Wir sprechen von Chancen, nicht von Automatismen. Altern führt nicht zwangsläufig zu Reife. Älterwerden wir von allein, reifer nicht. Doch jedes Jahr, in dem wir Lebenserfahrung sammeln können, verbessert diese Chancen. Deshalb ist die Wahrscheinlichkeit, auf so etwa wie Reife zu treffen, bei älteren Menschen grösser als bei jüngeren.

In jedem menschlichen Leben stellen sich drei grundsätzliche Fragen, nämlich jene nach Identität (wer bin ich?), nach Orientierung (wohin gehe ich?) und nach Sinn (wozu bin ich da?). Überzeugende Antworten auf diese Fragen sind eine elementare Voraussetzung für unser Wohlbefinden und unsere Zufriedenheit.

Reife und Reifung liefern diese überzeugenden Antworten: Ich reife, also bin ich (Identität). Ich entwickle mich in Richtung zunehmender Reife (Orientierung). Ich existiere, um zu reifen (Sinn).

Wir haben im ersten Kapitel festgestellt, dass eine starke Vision die Funktion eines Attraktors hat, also eines Anziehungspunktes in der Zukunft, der unser Denken und Handeln in eine bestimmte Richtung lenkt. Reife ist ein solcher Attraktor. Er gibt unserem Leben nicht nur eine Entwicklungsrichtung vor, sondern zieht uns, wenn wir uns ganz darauf einlassen, auch gleichsam magisch an. Das ist das „Geheimnis" von Reife als Attraktor.

Und was für unsere persönliche Entwicklung gilt, lässt sich auch auf unser Land, die Schweiz, übertragen. Auch sie wird älter und verliert damit an jugendlicher Dynamik. Doch statt darüber zu jammern und uns mit irgendwelchen dynamischen jungen Nationen im fernen Osten zu vergleichen, denen wir in diesem Punkt zwangsläufig unterlegen sind, können und sollen wir uns auf die Chancen besinnen, die darin stecken.

Wir sehen – Sie sind sicher schon darauf gekommen – die Chancen der Schweiz darin, zu einem Reifen Land zu werden. Was ohne falsche Bescheidenheit durchaus Vorbildcharakter für andere Länder haben könnte. Voraussetzung dafür ist, dass wir eine überzeugende und attraktive Vision einer Reifen Schweiz entwickeln und realisieren.

3. Vom Wert der Werte

Worum es in der Vision geht

Das Wort „Wert" gehört zu jenen bedauernswerten Sprachgeschöpfen, die oft in den Mund genommen, aber selten verstanden und ernst genommen werden. In Sonntagsreden und Wahlkampfslogans werden Werte beschworen, doch gelebt werden sie im Alltag dann eher selten.

Dieser Missbrauch der Werte als Worthülsen für Marketingzwecke ist bedauerlich, verstellt er doch den Blick auf die Tatsache, dass Werte für das menschliche Leben und Zusammenleben unerlässlich sind und damit auch die Basis jeder Zukunftsvision sein müssen.

Werte sind nämlich Orientierungspunkte im unendlichen Meer der Möglichkeiten. Sie sind damit, um das Bild des ersten Kapitels aufzugreifen, Leuchttürme, die uns auf unserer Lebensreise bei der Navigation helfen, indem sie uns vorgeben, in welche Richtung wir fahren sollen.

Das können Werte, weil ein Wert nichts anderes ist als das, was uns etwas wert, also wichtig, ist: Das, was uns etwas wert ist, wollen wir auch. Deshalb ist es so wichtig, dass wir die Wahl der Werte, die uns leiten sollen, bewusst vornehmen.

Die Auswahl an möglichen Werten ist riesig. Denken Sie nur mal daran, wie viele Wertpapiere auf dem Markt angeboten werden. Dabei handelt es sich mitnichten um philosophische Traktate, sondern um handfeste materielle Werte. Und diesen materiellen Werten gilt ein Grossteil des Strebens der einzelnen Menschen und ganzer Länder: Noch immer wird Fortschritt fast ausschliesslich daran gemessen, ob sich die materiellen Werte eines Landes vermehrt haben. Und immer stärker wird so gut wie alles in unserem Leben und Zusammenleben nur noch danach beurteilt, wie gross sein materieller Wert ist.

Die Ausrichtung auf materielle Werte ist natürlich nicht falsch, sie hat uns immerhin einen in der Geschichte bisher unbekannten Wohlstand verschafft. Problematisch wird es nur, wenn wir das Riesenreich der Werte ausschliesslich auf die materiellen Werte reduzieren. Denn das lenkt uns von der Einsicht ab, dass Geld und Güter keinen Wert an sich darstellen, sondern eigentlich dazu da sind, uns bei der Verwirklichung immaterieller Werte zu unterstützen.

Wenn wir ein neues Produkt kaufen, geht es um Werte wie Bequemlichkeit oder Schönheit, und wenn wir jemanden zum Essen einladen, um Genuss oder Geselligkeit. Daraus könnte man vordergründig schliessen, ein Mehr an materiellen Werten bewirke automatisch auch ein Mehr an immateriellen Werten. Dem ist jedoch nicht so. Mittlerweile zeigen viele Studien, dass zwar für arme Menschen mehr Geld tatsächlich einen Zuwachs an Lebensqualität, Glück und Zufriedenheit bedeutet, nicht jedoch für jene, die wie wir in der Schweiz schon sehr viel besitzen.

Lebensqualität oder Glück kann man also nicht kaufen, und noch viel stärker gilt das für andere immaterielle Werte wie Respekt oder Liebe. Somit ist die einseitige Fixierung auf materielle Werte kontraproduktiv, weil sie uns daran hindert, uns mit jenen Werten zu beschäftigen, um die es im Leben wirklich geht.

Diese Einsicht beginnt sich allmählich auszubreiten. In den nächsten Jahren und Jahrzehnten ist deshalb eine verstärkte Hinwendung zu immateriellen Werten zu erwarten. Das ist es, was wir mit Werteorientierung meinen: Die Zukunft wird werteorientierter.

Eine Vision der Zukunft der Schweiz muss dieser Entwicklung Rechnung tragen. Stetiges Wirtschaftswachstum allein ist keine überzeugende Vision mehr. Eine attraktive Vision kann nur werteorientiert sein.

Unsere Vision einer reifen Schweiz ist werteorientiert. Und zwar deshalb, weil Reife selbst ein Wert ist. Oder besser: ein ganzes Bündel von Werten.

Wenn wir einen Menschen als reif erleben, dann deshalb, weil er bestimmte Werte verkörpert. Gelassenheit und Souveränität zum Beispiel. Reifung bedeutet immer auch einen Werte-Wandel, also Veränderungen bei dem, was uns wichtig und etwas wert ist. In einem Prozess der Reifung verschieben wir unsere Prioritäten. Wenn das Leben seinen natürlichen Gang nimmt, ist unsere Werte-Landschaft in reiferen Jahren eine andere als in jüngeren.

Nun sind Werte ja mehr als mehr oder weniger private persönliche Lebensziele. Werte regeln auch das menschliche Miteinander in kleineren und grösseren Gemeinschaften. Und weil auch solche Gemeinschaften wie etwa unser Land, die Schweiz, reifen können, stellt sich für uns die entscheidende Frage: Welche Werte prägen ein reifes Land?

Unsere Vision einer Reifen Schweiz gibt Antworten auf diese Frage. Sie beschreibt zehn Werte, welche eigentlich Werte-Paare sind, die eine zukünftige Schweiz anstreben und leben muss, um zu Recht das Prädikat Reife zu verdienen.

Die Liste dieser zehn Werte ist weder vollständig noch abschliessend gemeint. Wir haben jene Werte ausgewählt, die für uns in ihrer Gesamtheit den Leit-Wert Reife bilden und ausmachen. Andere mögen andere Vorstellungen davon haben, was eine Reife Schweiz bedeutet. Das ist gut so, denn zu unseren Vorstellungen von Reife gehört auch das fruchtbare Miteinander unterschiedlicher Meinungen. So wie das in der Schweiz lange Zeit guter Brauch war.

Überhaupt werden Sie feststellen, dass alle von uns ausgewählten reifen Werte in der Schweiz bereits gut verankert sind. Sie gehören für uns unbedingt zum Katalog der oft und gerne, wenngleich manchmal etwas gar einseitig, beschworenen Schweizer Werte.

Die Werte, die für uns Reife ausmachen, brauchen der Schweiz also nicht neu aufgepfropft zu werden, was gut ist, denn man kann aus einer Schnecke kein Rennpferd züchten. An den bereits vorhandenen reifen Werten der Schweiz lässt sich anknüpfen. Es geht uns darum, sie in einer zukunftsgerechten Weise weiterzuentwickeln.

Wir werden in den folgenden Kapiteln versuchen, Ihnen diese zehn Werte einer Reifen Schweiz näherzubringen, indem wir beschreiben, wie dieses Land aussehen könnte, wenn es sich diese reifen Werte als Orientierungs-Leuchttürme wählt. Und was herauskommen könnte, wenn sie das täte, worum es in unserer Vision letztlich geht:

4. DIE ZEHN WERTE DER REIFEN SCHWEIZ

4.1. Weiser Sinn

Im Wissen darum, dass Weisheit kein Zustand ist, sondern ein Prozess, pflegt die Reife Schweiz intensiv die geistigen Ressourcen Identität (wer sind wir?), Orientierung (wohin wollen wir?) und Sinn (wozu sind wir da?).

»In manchen Kulturen, wie zum Beispiel in Indien, gilt der Mensch erst mit 60 Jahren als erwachsen. Er hat die Zeit der jugendlichen Reifung und des Lernens ebenso wie die Zeit der ökonomischen, sexuellen und sozial-organisatorischen Aktivität, also Familiengründung und Geschäftserfolg, hinter sich gelassen. Nun zieht er sich in eine Gemeinschaft von Suchenden zurück, die das Lebensziel nicht mehr in der Hinwendung nach aussen, sondern in der Einkehr nach innen zu verwirklichen suchen.«

Dieses Zitat, das wir im Buch „Je älter desto besser" von Ernst Pöppel und Beatrice Wagner (2010) gefunden haben, zeigt, dass die Vorstellung, wonach sich die zentralen Werte im Laufe eines Reifungsprozesses markant verschieben können, keineswegs neu ist. Dieser Werte-Wandel bedeutet eine Akzentverschiebung von aussen nach innen, von materiellen zu immateriellen Werten (also von Materie zu Geist), von Quantität zu Qualität.

Dieser Werte-Wandel, den wir zusammenfassend als „vom Lebensstandard zur Lebensqualität" bezeichnen können (siehe nächstes Kapitel), lässt sich seit geraumer Zeit bei einer wachsenden Zahl von Individuen beobachten, darunter erstaunlich viele Menschen im reiferen Alter. Ist Werteorientierung also tatsächlich eine Frage des Alters?

Natürlich nicht nur. Gerade im jugendlichen Alter stellen sich elementare Grundfragen der menschlichen Existenz wie jene nach Identität, Orientierung und Sinn oft mit Macht. Dann jedoch folgt für die meisten Menschen eine Lebensphase, in der es um handfeste materielle Werte geht, also um die Sicherung des Lebensunterhalts, um beruflichen Erfolg und um Familiengründung.

Sind diese Aufgaben erfolgreich gemeistert, ist es nur natürlich, dass sich eines Tages die Frage stellt, ob das schon alles war, ob es im Leben wirklich nur darum gehe, sich einen möglichst hohen materiellen Lebensstandard zu erarbeiten. Dann kehren die Fragen der Jugendzeit zurück: Wer bin ich? Wohin gehe ich? Wozu bin ich da?

In dieser Lebensphase, die natürlich nicht bei allen exakt mit sechzig beginnt, können wir ganz anders an diese Fragen herangehen, denn wir haben mittlerweile einen grossen Schatz an Lebenserfahrung gewonnen und sind damit besser dafür gerüstet, uns ihnen zu stellen.

Zudem sind wir nicht mehr wie in den mittleren Jahren von den Herausforderungen der materiellen Welt völlig absorbiert. Wir haben diese ja mehr oder weniger erfolgreich gemeistert und deshalb jetzt den Raum, den es für die Auseinandersetzung mit Identität, Orientierung und Sinn nun mal braucht.

Wenn wir dieses Modell eines persönlichen Werte-Wandels in den verschiedenen Lebensphasen jetzt auf die Schweiz übertragen (Sie wissen ja: Auch ein Land ist nur ein Mensch...), dann stellt sich die Frage, ob auch unser Land an diesem Wendepunkt angelangt sein könnte. Wir meinen ja.

Die Schweiz hat die Herausforderungen der materiellen Welt ohne Zweifel hervorragend gemeistert. Wir sind eines der reichsten Länder der Welt, verfügen über eine fast perfekte Infrastruktur und haben unser Zusammenleben bestens organisiert. Wenn es um materielle Werte geht, können wir uns selbst auf die Schulter klopfen, wenngleich wir nicht übersehen, dass das auch in der Schweiz nicht auf alle zutrifft.

So erfolgreich waren wir auf diesem Gebiet, dass sich langsam aber sicher Sättigungstendenzen abzeichnen. Wir sind, logischerweise, nicht mehr so hungrig auf immer noch mehr materielle Güter wie die aufstrebenden Schwellenländer. Wir haben gelernt, dass der Spass am Essen aufhört, wenn man satt ist, ja, dass man sich auch überessen kann. Wir haben die mittlerweile von den Wissenschaften bestätigte Erfahrung gemacht, dass ab einem bestimmten Niveau ein Zuwachs an Geld und Gut nicht zufriedener oder glücklicher macht.

Diese Situation betrachten wir als ausgesprochenes Privileg. Wie nach einem guten Essen können wir uns jetzt den geistigen Genüssen und Herausforderungen zuwenden. Wie zum Beispiel den Fragen nach Identität, Orientierung und Sinn.

Auch einer Gemeinschaft wie der Schweiz stellen sich nämlich diese Fragen. Wer sind wir? Sind wir wirklich nur ein Volk von erfolgreichen Krämern? Haben wir als Eid-Genossenschaft, also als Gemeinschaft von Gleichen (Genossenschaft), die sich durch einen geistigen Willens-akt (Eid) zusammengeschlossen haben, nicht einiges mehr zu bieten? Was macht den speziellen „Spirit“ der Schweiz aus?

Wohin wollen wir? An welchen gemeinsamen Werten wollen wir uns orientieren? Gibt es eine verbindende und niemanden ausschliessende Vision davon, wie die Schweiz in zwanzig Jahren aussehen soll? Welcher Geist soll dann in der Schweiz wehen?

Wozu sind wir da? Wie viel gesunden Egoismus können wir uns leisten, wie viel Solidarität mit der übrigen Welt brauchen wir? Könnten wir als materiell privilegiertes Land nicht Versuchslabor für den Werte-Wandel vom Geld zum Geist sein? Und damit gar zum Vorbild für andere Länder werden?

Fragen über Fragen. Und zunächst keine Antworten. Das mag auf den ersten Blick unbefriedigend wirken. Doch wie alle Menschen, zumal im reiferen Alter, aus persönlicher Erfahrung wissen: Auf die Fragen nach Identität, Orientierung und Sinn gibt es keine endgültigen und keine allgemein verbindlichen Antworten. Zu verschieden sind die Perspektiven, zu sehr gilt, dass das einzig Konstante der Wandel ist.

Natürlich macht es Sinn, immer wieder nach vorläufigen Antworten zu suchen und diese im respektvollen Dialog auszutauschen. Doch noch wichtiger ist das Fragen selbst. Indem wir fragen, lenken wir unsere Achtsamkeit in eine bestimmte Richtung. Das allein verändert unseren Geist und unser Bewusstsein.

Und zwar zum Guten. Sie erinnern sich an die Idee, erst mit sechzig würde man erwachsen. Über die Altersgrenze kann man sich streiten, entscheidend ist das Wörtchen „erwachsen", das wir durchaus mit „reif" gleichsetzen können. Was für die Inder wie für uns ein erstrebenswerter Geisteszustand ist. Übertroffen höchstens noch von „weise"...

Beides sind Idealzustände, die wir als Mensch wie als Land nie ganz erreichen können. Doch wir können in dieser Richtung unterwegs sein. Indem wir uns den Fragen nach Identität, Orientierung und Sinn stellen. Immer wieder.

Die Reife Schweiz tut das. Lebenskunst ist auf der persönlichen wie der gemeinschaftlichen Ebene ein zentrales Thema in Bildung und Weiterbildung, in den Medien und der Kultur. Der Spirit der Reifen Schweiz weht in Richtung weiser Sinn.

4.2. Nachhaltige Lebensqualität:

Der Leit-Wert der Reifen Schweiz heisst: **möglichst gute Lebensqualität für möglichst viele.** *Sie weiss dabei, dass Lebensqualität* **nur nachhaltig denkbar** *ist.*

Die Idee, dass sich gemäss indischer Kulturtradition Menschen ab sechzig zusammenschliessen, um gemeinsam nach inneren Werten zu suchen (siehe letztes Kapitel) gefällt uns so gut, dass wir uns gerne ausmalen, wie denn die Bildung einer solchen Gemeinschaft aussehen könnte.

Stellen wir uns also vor, diese Menschen im reiferen Alter sässen zusammen um zu besprechen, an welchen Werten ihre Gemeinschaft sich orientieren solle. Dabei zeigt sich schnell: Es gibt so viele Werte und Werte-Prioritäten wie Teilnehmende. Werte-Landschaften sind heutzutage eben sehr stark individuell geprägt.

Nun gibt es zwei Möglichkeiten. Im Konfrontations-Modell werden die eigenen Werte verabsolutiert und als die einzig wahren und guten verteidigt, während die Werte der Anderen niedergemacht und abgewertet werden, indem ihnen unterstellt wird, sie würden der Gemeinschaft nicht nur nichts nützen, sondern sogar schaden.

Im Kooperations-Modell gehen alle davon aus, dass sowohl die eigenen Werte als auch jene der Anderen richtig und wichtig sind. Allen eingebrachten Werten wird zugestanden, dass sie einen Beitrag zum Wohl der Gemeinschaft leisten können. Die Vielfalt der Werte, die ins Spiel kommen, wenn unterschiedliche Menschen zusammenkommen, wird nicht als Problem betrachtet, sondern als Bereicherung des Ganzen. Und die Frage, wie diese verschiedenen Werte nun unter einen Hut zu bringen sind, wird als Herausforderung angenommen.

Da unsere vorgestellte Gemeinschaft der Sinn-Suchenden aus Menschen im reiferen Alter besteht, wählt sie natürlich das reife Kooperations-Modell und beginnt einen intensiven Dialog über Unterschiede und Gemeinsamkeiten der individuellen Werte-Landschaften. Sie stellt bald fest, dass die Gemeinsamkeiten überwiegen, wenn man davon ausgeht, dass unterschiedliche Werte nicht zwangsläufig im Konflikt miteinander liegen, sondern dass sie alle ihren spezifischen Beitrag zu einem ihnen gemeinsamen höheren Wert leisten.

Diesen „höheren Wert" stellen wir uns nicht als allmächtigen General vor, der von oben her alle anderen Werte beherrscht, sondern eher als Himmelskörper im Zentrum, um den herum die verschiedenen Werte-Planeten ihre je eigene Bahn ziehen – angezogen und zusammengehalten von der Sonne im Zentrum.

Das ist es, was wir mit dem zunächst etwas seltsam anmutenden Begriff „Leit-Wert" meinen: ein Zentral-gestirn im Zentrum eines Werte-Universums. Oder, um ein anderes Bild zu verwenden: Der Leit-Wert ist das gemeinsame Dach eines grossen Gebäudes, in dem die einzelnen Werte die Räume und Zimmer darstellen. Die Zimmer behalten ihre Eigenständigkeit, das gemeinsame Dach verbindet sie.

Wenn eine Gemeinschaft wie die Schweiz sich einen gemeinsamen Leit-Wert erkürt, hat dies positive Auswirkungen auf ihr geistiges Klima. Dieses wird geprägt vom Grundvertrauen, dass auch die Anderen im Grunde dasselbe wollen wie man selbst. Niemandem werden mehr böse Absichten oder schädliche Werte unterstellt, weiss man doch, dass sich alle am selben Leit-Wert orientieren.

Wem das zu harmoniesüchtig klingt, der sei beruhigt: Auch bei einem gemeinsamen Leit-Wert bleiben Differenzen darüber, was dieser nun im Einzelnen konkret bedeutet und auf welchen Wegen man ihn am besten realisiert, bestehen. Es gibt also reichlich Raum für unterschiedliche Sichtweisen und Interessen, und darüber kann weiterhin gestritten werden – allerdings in einem wesentlich konstruktiveren Geist. Schliesslich wissen alle Beteiligten, dass sie denselben Leit-Wert teilen und „nur" einen edlen Wettstreit darüber betreiben, wie man diesem gemeinsamen Fernziel am besten näher kommt.

Was nun könnte dieser Leit-Wert der reifen Schweiz sein? Die Messlatte liegt hoch: Der Leit-Wert muss eine überzeugende Antwort auf die Frage geben, worum es im Leben eigentlich geht. Er muss viele Facetten haben, um ein gemeinsames Dach über sehr unterschiedliche einzelne Werte bilden zu können. Er muss dem im letzten Kapitel beschriebenen Werte-Wandel vom Geld zum Geist, von Quantität zu Qualität entsprechen. Und er muss nicht zuletzt zu jenem Werte-Bündel passen, das wir als Reife bezeichnen.

Aufgrund langjährigen Forschens und Denkens gibt es für uns nur eine überzeugende Kandidatin für das Amt des Leit-Werts: Lebensqualität. Immer mehr Menschen erkennen, dass es im Leben nicht um Lebensstandard geht, sondern eben um Lebensqualität, also um Qualität statt Quantität.

Auch die Forderung nach vielen Facetten erfüllt der Leit-Wert Lebensqualität. Wir unterscheiden in einem eigenen Modell zwischen sechzehn Lebensqualitäts-Sphären, die alle jeweils weitere vielfältige Einzel-Werte umfassen, nämlich Gesundheit, Tun, Beziehungen, Raum, Zeit, Materie, Stabilität, Eigenes, Lebensfreude, Echtheit, Offenheit, Respekt, Nachhaltigkeit, Reifung, Sinn und Lebenskunst.

Dass der Leit-Wert Lebensqualität auch zu Reife und Reifung passt, versteht sich von selbst: Was Lebensqualität für uns bedeutet, verändert sich in einem

Reifungsprozess. Und die zum Leit-Wert Lebensqualität gebündelten Einzel-Werte bestehen alle die Prüfung, reife Werte zu sein. Ja, Reifung ist ein so wichtiges Element von Lebensqualität, dass sogar eine eigene Sphäre danach benannt wurde.

Somit ist unser Vorschlag für den Leit-Wert der Reifen Schweiz klar: *Möglichst gute Lebensqualität für möglichst viele.*

Wahrscheinlich wäre auch unsere fiktive indische Gemeinschaft der Reifen zum selben Schluss gekommen. Und hätte sich zusätzlich die Frage gestellt, ob Lebensqualität nicht ein zu ichbezogener Wert sei. Doch eine vertiefte Beschäftigung mit Lebensqualität liefert schnell Entwarnung: Es gibt keine eigene Lebensqualität ohne die der anderen. Lebensqualität ist auch ein gemeinsames Projekt.

Ja, die Beschäftigung mit Lebensqualität fördert das, was wir als ganzheitliches Denken bezeichnen, bei dem wir gegenseitige Vernetzungen und Abhängigkeiten berücksichtigen und dabei alle Ebenen, die ökologische, die ökonomische, die soziale und die kulturelle im Auge behalten. Ein anderes Wort für diese Betrachtungsweise ist Nachhaltigkeit.

Nachhaltigkeit bedeutet neben Ganzheitlichkeit auch eine langfristige Perspektive. Auch das gehört zu unserer Vision der Reifen Schweiz: die langfristigen Konsequenzen heutiger Entscheidungen höher zu gewichten als kurzfristige Interessen. Momentane Lebensqualitäts-Optimierung auf Kosten nachhaltiger Lebensqualität ist einfach nur kurzsichtig.

Deshalb sprechen wir bewusst vom Leit-Wert „Nachhaltige Lebensqualität". In der Reifen Schweiz sind sich alle einig, dass es um diesen Leit-Wert geht, auch wenn über die besten Wege dahin weiterhin konstruktiv gestritten wird.

4.3. Reife Erfahrung

Weil sie weiss, dass man aus Erfahrung klug wird, schätzt die Reife Schweiz das aus Erfahrung gewonnene Wissen von Menschen im reiferen Alter und nutzt es überall. Hohe Qualität bei Produkten und Dienstleistungen etwa wird am besten durch das Urteil der reifen Konsumenten gewährleistet.

Ein an natürlichen Ressourcen armes Land wie die Schweiz braucht geistige Ressourcen. Tatsächlich lebt die Schweiz im Wesentlichen von Veredelungsprozessen aller Art, und dafür ist eine geistige Ressource unerlässlich: Wissen.

Darüber dürfte weitgehend Einigkeit herrschen, zumal in Zeiten, in denen wir quasi offiziell unterwegs zu einer Wissensgesellschaft sind. Grund genug, sich der Frage zuzuwenden, wovon wir eigentlich sprechen, wenn von Wissen die Rede ist. Denn Wissen ist nicht gleich Wissen.

Just in den Tagen der Niederschrift dieser Zeilen hat in einem so genannten Wissens-Quiz ein Computer erstmals die besten menschlichen Champions übertrumpft. Dafür nutzte er öffentlich zugängliche Wissensquellen wie zum Beispiel Wikipedia.

Eine solche Meldung kann durchaus Ängste auslösen: Wenn Wissen grundsätzlich allen zugänglich ist, könnte das bedeuten, dass bald andere Länder die Rolle der Schweiz einnehmen. Oder Computer die Rolle der Menschen. Allgemein zugängliches Wissen, so die Befürchtung, verliert an Wert, was die Schweiz bisheriger Wettbewerbsvorteile berauben würde.

Eine genauere Betrachtung liefert Entwarnung: Auch wenn es „Wissens-Quiz" heisst, geht es dabei eben nicht um Wissen, sondern um Informationen. Und das ist nicht dasselbe. Wissen ist mehr als die Summe einzelner Informationshäppchen. Wissen bedeutet vielmehr, einzelne

Informationen vor ihrem Hintergrund zu sehen, sie in einen Kontext einzuordnen, um ihre Bedeutung zu wissen, Zusammenhänge, Strukturen und Muster zu sehen. Ein Wald ist eben mehr als die Summe seiner Bäume.

Wenn wir alle verfügbaren Datenbanken und Informationsquellen über einen bestimmten Wald auswerten und zusammenfügen, verfügen wir zweifellos über ein beträchtliches Mass an Wissen. Und doch braucht es, wenn wir den Wald richtig verstehen und nachhaltig nutzen wollen, zusätzlich das Wissen von leibhaftigen Förstern.

Wenn ein junger Förster direkt vom Studium der Forstwirtschaft kommt, weiss er zwar viel über den Wald im Allgemeinen. Doch nur ein erfahrener Förster weiss, wo das beste Holz geerntet werden kann, wo es Aufforstung braucht und wo man den Wald am besten in Ruhe lässt.

Was man an der Hochschule lernen kann, wird explizites oder auch begriffliches Wissen genannt. Diese Art von Wissen lässt sich beliebig vervielfältigen und verbreiten, das heisst, man kann es aus Büchern lernen. Und das fällt bekanntlich in jungen Jahren leichter als in alten.

Das beim erfahrenen Förster zu findende Wissen ist implizit, das heisst, wir können es nicht in Worten und Begriffen ausdrücken. Dafür in Handlungen. Es ist einfach da, ohne dass wir uns seiner bewusst sind. Ein erfahrener Handwerksmeister weiss einfach, wie es geht, ohne im Einzelnen beschreiben zu können, was er da tut. Zu dieser Art von Wissen gehört auch unsere Intuition, die ja nichts anderes ist als die unbewusste Verarbeitung und Verknüpfung von Informationen, sowie unser motorisches Wissen, das ebenfalls weitgehend unbewusst unsere Bewegungen steuert.

Diese Art von Wissen ist untrennbar mit unserer individuellen Persönlichkeit verbunden, denn es wird durch unsere persönlichen Erlebnisse und Erfahrungen geprägt. Kein Mensch hat dieselbe Lerngeschichte wie ein anderer, weshalb sich persönliches implizites Wissen von niemandem einfach übernehmen lässt, geschweige denn von einem Computer. Das macht dieses Wissen so wertvoll.

Noch wissen das nicht alle. Noch wird Wissen allzu oft mit explizitem, begrifflichem Wissen gleichgesetzt. Und noch werden ältere Menschen deshalb geringer geschätzt, weil Jüngeren das Lernen dieses Wissens leichter fällt.

Rücken wir dagegen das implizite Wissen, das wir auch Erfahrungs-Wissen nennen können, ins Zentrum, so verändert sich plötzlich die Perspektive. Jetzt wird eine lange Lerngeschichte wertvoll, denn es liegt in der Natur der Sache, dass unser Erfahrungs-Wissen umso reichhaltiger und differenzierter wird, je länger wir Erfahrungen sammeln konnten.

Auch wenn die Chancen, zu wertvollem Erfahrungs-Wissen zu kommen, mit zunehmendem Alter steigen, so geschieht doch die Wertschöpfung durch Erfahrung keineswegs automatisch. Wenn ein älter werdender Mensch nicht bereit ist für neue Erfahrungen und Erweiterungen des eigenen Horizonts, läuft er Gefahr, geistig zu erstarren. Gerade Erfahrungs-Wissen ist nur dann wertvoll, wenn es lebendig bleibt, offen für nie endende Reifung.

So verstandene reife Erfahrung ist eine geistige Ressource, die in unserer Reifen Schweiz hoch geschätzt wird. Dazu hat natürlich auch die demografische Entwicklung beigetragen: Wenn es immer mehr reifere Menschen gibt, die sich weder aufs Altenteil noch in den Ruhestand verabschieden, sondern ihren Beitrag zum

Ganzen weiterhin leisten wollen, dann wäre es für ein pragmatisches und kluges Land wie die Schweiz geradezu fahrlässig, die geistigen Ressourcen dieser Generation nicht zu nutzen.

Da die Reife Schweiz aber weiss, dass reifes Erfahrungs-Wissen zu jenen Ressourcen gehört, die sie einzigartig und unverwechselbar machen, hat sie viel Kreativität in die Entwicklung neuer Kanäle investiert, um dieses Wissen für Wirtschaft, Politik, Kultur, Bildung und Gesellschaft nutzbar zu machen.

So wird, um nur ein Beispiel zu nennen, in der Reifen Schweiz Konsumforschung verstärkt im Dialog mit Menschen der reiferen Jahrgänge betrieben. Reife Konsumentinnen und Konsumenten sind anspruchsvoll und wissen, was sie wollen. Man kann ihnen kein X für ein U vormachen, und sie haben einen hoch entwickelten Sinn für Qualität. Nur wenn ein Produkt oder eine Dienstleistung den Ansprüchen der reifen Konsumenten genügt, hat es auf dem Markt eine Chance.

Ähnliches gilt in der Reifen Schweiz für viele Felder: Reife Erfahrung wird hoch geschätzt und entsprechend genutzt. Das ist nichts Neues: Solange eine Gesellschaft halbwegs stabil ist, ist Erfahrungs-Wissen ein hohes Gut. Erst die wachsende Dynamik der Entwicklung hat zum Missverständnis geführt, jugendliche Schnelligkeit und Risikobereitschaft seien das Mass aller Dinge.

Natürlich führt Reife Erfahrung zur Erkenntnis, dass es beides braucht, also sowohl jugendliche Dynamik als auch gereifte Erfahrung. Die gesunde Mischung macht es aus. Um zu dieser Balance zu gelangen, braucht es unbedingt eine Aufwertung des reifen Erfahrungs-Wissens.

4.4. Respektvolles Miteinander

In der Reifen Schweiz kämpfen die Generationen nicht gegeneinander, sondern formen gemeinsam die Zukunft. Die Generationen gehen gleichberechtigt miteinander um, Altersdiskriminierung gibt es nicht. Wenn sich jugendliche Innovationskraft und reife Abgeklärtheit kreativ mischen, geht es allen am besten.

Die Reife einer Gesellschaft bemisst sich ganz wesentlich daran, wie ihre einzelnen Teile, also Individuen sowie kleinere und grössere Gruppen, miteinander umgehen. Die Schweiz weiss das in besonderem Masse, hat sie doch nicht nur den üblichen Interessenausgleich zwischen Mann und Frau, Jung und Alt, Stadt und Land, Arm und Reich oder Links und Rechts zu schaffen, sondern auch jenen zwischen verschiedenen Sprachkulturen.

Der Wert, der für uns mehr als jeder andere ein reifes Miteinander verkörpert, heisst Respekt. Respektvolles Miteinander bedeutet für uns dreierlei:

Zunächst heisst Respekt Begegnung und Dialog auf gleicher Augenhöhe. Keiner der Beteiligten ist von vornherein besser oder schlechter, niemand ist mehr oder weniger wert als der Andere. Die beteiligten Partner sind nicht gleich, aber gleichwertig.

Diese Grundhaltung kann nur die Frucht eines Reifungsprozesses sein, denn gelernt haben wir eher hierarchische Formen des Miteinanders, also solche, wo die einen oben sind und die anderen unten. Für solche Abhängigkeitsverhältnisse braucht es immer zwei: Jemanden, der sich überlegen, und jemanden, der sich unterlegen fühlt. Nur reife Menschen haben gelernt, sich des eigenen Werts bewusst sein zu können, ohne andere abwerten oder überhöhen zu müssen.

Zum zweiten gehört zu respektvollem Miteinander die Bereitschaft, sein Gegenüber wahrzunehmen und ihm zuzuhören. Jemandem sein Ohr leihen kann man nur in der Überzeugung, auch er hätte etwas zu sagen. Und zwar etwas, das nicht sofort als überflüssig, dumm oder gar vaterlandsverräterisch abgestempelt wird.

Auch das ist eine Frucht der Reife. In einer ersten Entwicklungsphase gehen wir nämlich ganz selbstverständlich davon aus, alle anderen Menschen seien genau so wie wir und würden genauso ticken wie wir. In einer zweiten Phase stellen wir fest, dass dem nicht so ist, doch weil wir uns davon zutiefst verunsichert fühlen, geben wir alles daran, die anderen davon zu überzeugen, sie sollten doch werden wie wir, weil nur so die Welt in Ordnung kommen könne. Erst durch einen Reifungsprozess lernen wir schliesslich, dass die bunte Vielfalt und Unterschiedlichkeit der Menschen nicht nur eine Tatsache ist, sondern auch sehr viel Sinn macht. Reife Menschen haben genügend Vorstellungskraft um sich auszumalen, wie furchtbar langweilig eine Welt wäre, in der alle anderen genauso wären wie wir selbst.

Aus dieser Erkenntnis entwickelt sich die dritte Ebene von respektvollem Miteinander: Die Beteiligten gestehen sich gegenseitig zu und vertrauen darauf, dass alle Argumente und Interessen einen wertvollen Beitrag an das Ganze leisten können. Dieses Ganze ist ja immer ein hoch komplexes System aus vielfältigen Beziehungen und Zusammenhängen. Mit einer einseitigen Betrachtungsweise wird man einem komplexen Ganzen nie gerecht, und wenn man darin zu stark auf einseitige Interessen setzt, gefährdet man Fortbestand und Weiterentwicklung des Ganzen.

Man muss den Standpunkt des Anderen nicht teilen oder übernehmen und kann trotzdem anerkennen, dass dieser andere Standpunkt so legitim und so wertvoll für das Ganze sein kann wie der eigene. Dialog, Austausch und die Suche nach gemeinsamen Lösungen sind somit kein Ausdruck von Schwäche, sondern zeugen im Gegenteil von reifer Stärke.

Respekt hat in unseren Augen sehr viel mit Reife zu tun, und zwar nicht nur, weil beide Wörter mit denselben zwei Buchstaben beginnen. Respekt ist die Frucht von Reifung, und Respekt ist in einem reifen Land ein zentraler Wert beim Umgang miteinander.

Das gilt zwar für jedes Miteinander, ganz besonders jedoch für den Umgang der Generationen untereinander. Das Miteinander der Generationen ist ein wunderbarer Übungsplatz für ein Land, um den Wert des gegenseitigen Respekts zu lernen und anzuwenden: Wenn das Miteinander der Generationen respektvoll ist, dann erhöht das die Chancen auf einen ebensolchen Umgang anderer gesellschaftlicher Gruppen miteinander.

Alle Generationen haben unterschiedliche Aufgaben und Funktionen für das Ganze – und damit natürlich auch unterschiedliche Interessen. Respektvolles Miteinander der Generationen bedeutet, diese Unterschiede nicht als Problem zu sehen, sondern als Bereicherung für das Ganze. Alle Generationen sind gleich viel wert, und wenn sie in einen fruchtbaren Dialog auf gleicher Augenhöhe treten, wird aus einem potenziellen Konflikt etwas Neues, das alle gewinnen lässt.

Jemanden aufgrund seines Alters zu diskriminieren, das heisst, in seinen Entfaltungsmöglichkeiten einzuschränken, ist also nicht nur verwerflich, sondern auch dumm. Solche Altersdiskriminierung hindert die reiferen Generationen daran, ihre Stärken einzubringen und damit ihren Teil zum Wohl des Ganzen beizutragen. Das schadet beiden Seiten: Die Älteren werden am sinnvollen Tun gehindert, und den Jüngeren entgehen die Früchte dieses Tuns.

In der Arbeitswelt ist längst bekannt, dass einseitig zusammengesetzte Teams wesentlich weniger kreativ und produktiv sind als solche, die nach Geschlecht, Herkunft und eben auch Alter gut gemischt sind. Und aus der Biologie lernen wir, dass Biotope mit einer bunten Artenvielfalt jeder Monokultur überlegen sind.

In der Schweiz ist diese Erkenntnis alles andere als neu. Die Vielfalt dieses Landes ist eine seiner grössten Stärken. Die Reife Schweiz kultiviert diese Stärke und baut sie durch ein respektvolles Miteinander der Generationen weiter aus. Sie entwickelt in einem kreativen Dialog unter Gleichwertigen neue Möglichkeiten für alle Generationen, ihre jeweiligen Stärken einzubringen, ob in der Arbeitswelt oder der Politik, ob im Bildungswesen oder bei der Pflege der Kultur. Und dank des gegenseitigen Respekts zwischen den Generationen schafft sie es auch, dort einen fairen Ausgleich zu erzielen, wo die Interessen der einzelnen Altersgruppen sich widersprechen.

Damit ist auch klar, dass die Reife Schweiz keineswegs einseitig die Interessen der reiferen Generationen vertritt. Respektvolles Miteinander funktioniert nur auf Gegenseitigkeit. Jugenddiskriminierung ist genauso falsch und dumm wie Altersdiskriminierung.

Respektvolles Miteinander erfordert ein hohes Mass an Reife – nicht nur beim Umgang der Generationen untereinander. Doch weil das Leben in einer Welt gegenseitigen Respekts sehr viel angenehmer und schöner ist als in einer Welt, die von Intoleranz, Überheblichkeit und Ausgrenzung geprägt ist, lohnen sich die Anstrengungen dieses Reifungsprozesses.

Respekt ist für Menschen aller Altersgruppen ein äusserst wertvoller Wert. In unserer Vision einer reifen Schweiz spielt er deshalb eine zentrale Rolle: Wer Respekt gibt, erhält Respekt...

4.5. Mediativer Ausgleich

In diesem Land blühen die sozialen Tugenden und Kompetenzen wie Solidarität, Toleranz, Respekt und Einfühlungsvermögen. Leben und leben lassen. Konflikte löst man mit allseitig akzeptierten kreativen Ansätzen nach dem Prinzip der Mediation.

Wenn heutzutage die Fussballnationalmannschaften von Deutschland und Frankreich gegeneinander antreten, spielen nationale und patriotische Gefühle immer noch eine grosse Rolle. Die beiden Teams tragen gleichsam stellvertretend für ihre Länder einen Kampf aus.

Doch was ist das für ein gewaltiger zivilisatorischer Fortschritt gegenüber jenen noch gar nicht lange zurück liegenden Zeiten, als dieser Kampf mit Speeren, Gewehren und Kanonen ausgetragen wurde! In erstaunlich kurzer Zeit hat hier zumindest in Europa ein Reifungsprozess stattgefunden. Statt einander die Köpfe einzuschlagen, wird heute Fussball gespielt. Oder verhandelt.

Das ist ein Zeichen von Reife, das wir in der Schweiz manchmal zu wenig schätzen. Mit einer Mischung aus historischem Glück und Bauernschläue haben wir kriegerische Auseinandersetzungen schon länger weitgehend vermeiden können und dabei erfahren, dass das nicht nur angenehmer, sondern auch profitabler ist. Grund genug also, den reifen Wert friedlicher Auseinandersetzung zu hegen und zu pflegen.

Nun gibt es Auseinandersetzungen ja nicht nur zwischen Völkern und Nationen, sondern auch innerhalb eines Landes. In einer glücklicherweise bunt und vielfältig zusammengesetzten Gesellschaft ist es unvermeidlich, dass unterschiedliche Menschen und Gruppen auch unterschiedliche Ansprüche und Interessen haben. Und da die zur Verfügung stehenden Ressourcen nun mal beschränkt sind, sind auch Konflikte um die Verteilung dieser Ressourcen ganz natürlich. Eine Welt, in der nur Friede, Freude, Eierkuchen herrscht, ist eine illusionäre Utopie.

Die Reife eines Landes bemisst sich daher auch daran, wie es mit solchen Konflikten umgeht und wie es sie austrägt: Betrachtet man Konflikte als Kampf, in dem es nur Sieger und Verlierer geben kann? Oder sieht man sie als Chance, zu gemeinsamen fairen Lösungen zu kommen?

In den letzten Jahrzehnten hat eine neue Form der Konfliktlösung einen erstaunlichen Siegszug um die Welt angetreten: die Mediation. Im Vergleich zu herkömmlichen Methoden wie den Verfahren vor einem normalen Gericht oder einem Schiedsgericht fällt ein zentraler Unterschied auf: Keine externe Instanz diktiert eine Lösung, sondern eine solche kann nur von allen beteiligten Konfliktparteien gemeinsam gefunden werden. Wohl werden sie dabei von einer Mediatorin oder einem Mediator unterstützt, doch was diese Person inhaltlich über den Konflikt denkt, ist völlig irrelevant, entscheidend ist allein der von den Parteien erzielte Ausgleich der Interessen.

Dafür gibt die Mediation bestimmte Spielregeln vor, die ihrerseits wiederum auf bestimmten sozialen Tugenden und Kompetenzen beruhen, also auf Werten wie Toleranz, Respekt, Einfühlungsvermögen und auch Solidarität. Man hört der Gegenseite zu, hat den nötigen Respekt vor abweichenden Standpunkten und unterstellt den anderen keine bösen Absichten. Das schafft den nötigen Freiraum, um von den eigenen Maximalforderungen abzurücken und der Gegenseite einen Schritt entgegenzukommen. Und es schafft ein Klima der Kreativität, aus dem Lösungen wachsen können, die nicht nach dem Prinzip des faulen Kompromisses Unglück und

Unzufriedenheit gleichmässig verteilen. Vielmehr schaffen sie Zufriedenheit und fördern die Akzeptanz der Lösung und der anderen, denen man auch danach noch ruhig in die Augen blicken kann.

Zum Glück spitzen sich nicht alle Konflikte so zu, dass zu ihrer Lösung eine externe Mediationsperson gebraucht wird. Doch die in der Mediation gebrauchten sozialen Kompetenzen und Tugenden sind auch im direkten Umgang miteinander höchst hilfreich und befriedigend.

Um sie zu erlernen und zu erwerben, kann man nicht früh genug anfangen, sie sind Teil dessen, was man so schön „Kinderstube" nennt. Doch es ist auch nie zu spät, sie zu hegen und zu pflegen. Gerade Menschen im reiferen Alter verfügen dank ihres Erfahrungs-Wissens oft über besonders hohe soziale Kompetenz, wobei wir nicht übersehen, dass auch das Gegenteil vorkommt, wenn der berüchtigte Altersstarrsinn zu einer Verminderung der sozialen Tugenden führt. Alter allein reicht auch hier nicht, jeder Reifungsprozess bedarf auch eigener Anstrengungen.

Dabei ist es hilfreich, dass jeder Reifungsprozess die Chance zur Individuation eröffnet: Je mehr wir reifen, desto besser wissen wir, was uns als Individuum einzigartig und unverwechselbar macht, was unser ganz besonderer Platz und unsere ganz besondere Aufgabe auf dieser Welt sind.

In unserer Jugend sind wir selten ausgeprägte Individualisten, da orientieren wir uns lieber an unserem Clan oder unserer Clique und übernehmen deren Wertmassstäbe. Je älter wir werden, desto mehr schälen sich unsere individuellen Eigenarten heraus. Und das ist gut so.

Es entspricht auch dem, was wir in der Natur vorfinden. Wenn die Evolution (oder wer auch immer) gewollt hätte, dass wir alle genau gleich sind, wozu hätte sie dann so etwas wie einzigartige und unverwechselbare Fingerabdrücke erfunden? Schliesslich gibt es schon bei einfachen Tierarten eindeutige individuelle Unterschiede, und bei uns Menschen hat diese Entwicklung einen vorläufigen Höhepunkt erlebt.

Wenn wir im Laufe eines Reifungsprozesses lernen, diese individuellen Unterschiede zwischen den Menschen nicht nur zu akzeptieren, sondern als sinnvoll zu bejahen, kommen wir von selbst zu einer Haltung gegenseitiger Toleranz, die im Motto gipfelt: Leben und leben lassen.

Von da aus ist es nicht mehr weit zum Schritt, unterschiedliche Lebensformen und Wertelandschaften nicht nur duldend hinzunehmen, sondern als Bereicherung des eigenen Lebens zu empfinden, und die ängstliche Abschottung gegenüber allem Andersartigen zu ersetzen durch eine offene und lebendige Neugier auf das Andere.

Das alles ist, um es zu wiederholen, in der Schweiz nicht gänzlich unbekannt. Dieses Land hat gelernt, dass es sich gerade wegen seiner Kleinheit und seiner Vielfalt etwas anderes als einen friedlichen Ausgleich der Interessen gar nicht leisten kann. Weshalb in weiten Teilen der Schweiz nach wie vor die Maxime gilt: Man muss halt reden miteinander!

Besorgt stimmt uns, dass diese Grundhaltung und die daraus resultierenden sozialen Kompetenzen des mediativen Ausgleichs derzeit eher abnehmen statt zuzunehmen, was einer Entwicklung hin zu einer Reifen Schweiz diametral widerspricht. Gehässige und destruktive Auseinandersetzungen binden völlig unnötig jene Energien, die wir für die Bewältigung der künftigen Herausforderungen dringend brauchen würden.

Reife sieht anders aus. Sie pflegt die Tugenden des mediativen Ausgleichs und ermöglicht so jene kreativen und konstruktiven Lösungen, welche die Reife Schweiz so dringend braucht.

4.6. Souveräne Gelassenheit

Die Reife Schweiz ruht in sich selbst und navigiert deshalb mit Gelassenheit im Strom der Zeit. In sich mit Gelassenheit zu ruhen, aber auch Abstand zu sich zu haben, ermöglicht einen entspannten Umgang miteinander und mit der Welt.

Schon bei ganz jungen Sprösslingen alter Adelshäuser findet sich manchmal eine Grundhaltung souveräner Gelassenheit, basierend auf der Gewissheit, eine lange Tradition zu verkörpern, und damit auch ein Wertesystem, das aussergewöhnliche Privilegien ebenso beinhaltet wie aussergewöhnliche Pflichten.

Auch wir Normalsterblichen, denen diese souveräne Gelassenheit nicht in die Wiege gelegt wurde, können sie erwerben, als Frucht eines Reifungsprozesses, in dessen Verlauf wir zu uns selbst kommen. Wir können lernen herauszufinden, was uns gut tut und was nicht, und was wir wirklich wollen. Wir lernen unsere Stärken und unsere Schwächen kennen und erkennen immer mehr, welche Mischung von Talenten und Erfahrungen, von Siegen und Niederlagen, von Grenzen und deren Überwindung, uns zu dem gemacht hat, was wir sind: einzigartige und unverwechselbare menschliche Wesen.

Im Laufe eines solchen Reifungsprozesses müssen wir immer weniger anderen Menschen etwas beweisen oder vormachen – und schon gar nicht uns selbst. Es schält sich allmählich der echte, der authentische Mensch in uns heraus, den wir bei all seinen Macken und Fehlern voll und ganz bejahen können. Das ist eine erfreuliche Entwicklung, denn nur ein echter, ein authentischer Mensch kann Souveränität empfinden und ausstrahlen.

Souveränität ist also lernbar – und desgleichen Gelassenheit. Gelassenheit stellt sich ein, wenn wir auf einen langen Erfahrungsweg zurückblicken können. Auf diesem Weg haben wir gelernt, wie es geht, sodass wir jetzt sicher sein können, dass wir auch das nächste Mal dazu fähig sein werden. Wir haben schwierige Herausforderungen gemeistert und daraus das Vertrauen entwickelt, dass das auch das nächste Mal klappen wird.

Ein Segler, der schon viele Stürme überstanden hat, also buchstäblich sturmerprobt ist, reagiert natürlich viel gelassener auf einen aufziehenden Sturm als ein Anfänger, der zum ersten Mal bei einem Sturm auf dem Wasser ist. Während der Anfänger aufgeregt herumzappelt, wird der Sturmerprobte gelassen und mit ruhiger Hand das Beste aus der Situation machen.

Doch nicht nur die Stürme in unserem Leben machen uns gelassener, sondern auch die erlebten Momente des Triumphs oder des Glücks: Wir wissen in reiferen Jahren, dass solche Momente nicht ewig dauern, weshalb wir sie zwar würdigen, aber eben auch relativieren können.

Souverän und gelassen zu sein ist gleichbedeutend mit „in sich selbst ruhen". Nun ist dieses Bild leicht missverständlich, denn es geht dabei nicht um Ruhe im Sinne von Stillstand. Gerade Menschen, die in sich ruhen, wissen um das stetige Auf und Ab im Leben, sind sich bewusst, dass der Wandel die einzige Konstante ist. Entsprechend klammern sie sich nicht an Überholtes, sondern sind bereit, loszulassen und weiterzugehen.

Und, so paradox es klingen mag: In sich ruhen bedeutet immer auch zugleich einen Schritt neben sich zu stehen. Also sich selbst nicht allzu ernst zu nehmen, sich aus einer gewissen Distanz betrachten zu können – und zwar mit einem Augenzwinkern. Dieser kleine Abstand zu sich selbst ist die Voraussetzung für eine nicht einfache Aufgabe der Reifung, nämlich sich mit sich selbst versöhnen zu können, was wiederum unerlässlich ist für Souveränität, Gelassenheit und innere Ruhe.

In einer Haltung souveräner, ja heiterer Gelassenheit in sich selbst zu ruhen, bedeutet also, zu sich selbst zu passen, sich ganz und gar anzunehmen (ohne den Optimierungsbedarf zu übersehen), mit sich selbst Frieden geschlossen zu haben. Das ist ein sehr erstrebenswerter Zustand, denn welchem Segler oder Arzt oder Freund würden Sie sich lieber überlassen — dem aufgeregten oder dem gelassenen?

Und vor allem: Welchem eigenen Selbst können Sie mehr vertrauen, dem unsicheren und verängstigten, oder dem souverän in sich ruhenden? Das ist eine durchaus sinnvolle Frage, denn zu souveräner Gelassenheit gehört untrennbar ein weiterer uns wichtiger Wert: Eigenverantwortung.

Eigenverantwortung heisst nichts anderes, als die Verantwortung für sich und sein Leben primär selbst zu übernehmen. Wohlgemerkt: nicht ausschliesslich. Schliesslich wissen wir, dass unser Leben auch von Faktoren beeinflusst wird, auf die wir keinen Einfluss haben, sodass es von Selbstüberschätzung und aufgeblasenem Ego zeugt, wenn jemand glaubt, er könne ganz allein und frei darüber entscheiden, wie sein Leben verläuft. Unterscheiden zu können, was wir in eigener Verantwortung steuern und beeinflussen können, und was nicht, ist ein Ausdruck von Reife.

Häufiger aber ist das Phänomen mangelnder Eigenverantwortung, das sich in der Grundhaltung äussert, schuld seien immer die anderen. Diese Haltung ist für beide Seiten schlecht, für die Sündenböcke, die ausgegrenzt und in die Wüste geschickt werden ebenso wie für die Verantwortungsabschieber, die so nie aus ihrer Opferrolle herauskommen und ihr Leben selbst gestalten können. Souveräne Gelassenheit dagegen nutzt jene Spielräume, die in jedem Leben vorhanden sind, zur eigenverantwortlichen Gestaltung.

Souveräne Gelassenheit macht nicht nur den Umgang mit sich selbst schöner und angenehmer, sondern auch das Miteinander der Menschen. Wenn in einem Land dieses Grundklima herrscht, lebt es sich da wesentlich entspannter, als wenn künstliche Aufgeregtheiten und gegenseitige Schuldzuweisungen das Miteinander prägen. Deshalb ist es naheliegend, dass wir uns für die Reife Schweiz ein Klima souveräner Gelassenheit wünschen.

Die Voraussetzungen dafür wären vorhanden. Schliesslich hat die Schweiz schon ein ehrenwertes Alter, und hatte damit Gelegenheit, reichlich Lebenserfahrung zu sammeln. Sie hat Hochs und Tiefs erlebt, so manchen Sturm überstanden und so manche Krise gemeistert. Sie hat ein Gespür dafür entwickelt, was sie will und was ihr gut tut. Sie war immer bereit, Eigenverantwortung zu übernehmen, ohne ihre Abhängigkeit von nicht beeinflussbaren Faktoren zu verleugnen. Kurzum: Die Schweiz könnte eigentlich in Frieden mit sich selbst leben und eine souveräne Gelassenheit empfinden und ausstrahlen.

Tut sie aber nicht. Jedenfalls nicht im wünschbaren Masse. Stattdessen wird über künstlich aufgeblasene Details in einer Heftigkeit gestritten, als ob die ganze Zukunft des Landes davon abhinge. Wenn etwas nicht läuft, sind immer die anderen schuld. Souveräne Gelassenheit sähe anders aus.

Es wird also sehr stark an der wachsenden Schar von Menschen im reiferen Alter selbst liegen, diesem Wert zu einer deutlichen Stärkung zu verhelfen. Das wird nicht ganz einfach sein, denn auch die Grundhaltung souveräner Gelassenheit stellt sich nicht automatisch ein, wenn wir älter werden, auch sie erfordert eigene, teils anstrengende Investitionen in unseren eigenen Reifungsprozess. Doch es lohnt sich, denn es lebt sich gut in einer Reifen Schweiz, die in sich ruht, ohne sich zu ernst zu nehmen...

4.7. Gesundes Selbst-Bewusstsein

In der Reifen Schweiz wächst Selbstbewusstsein aus Selbst-Bewusstsein. Man kennt sich und seine Möglichkeiten und Grenzen und weiss, was man will. Gesundes Selbstvertrauen ohne Überheblichkeit ist die Frucht dieser Souveränität.

Kein Mensch und kein Land können ohne gesundes Selbstbewusstsein erspriesslich mit sich selbst und mit anderen umgehen. Diese Symmetrie zwischen dem Verhältnis zu sich selbst und zu den anderen finden wir schon in der Bibel, wo es heisst, man solle seinen Nächsten lieben wie sich selbst.

Nun muss es ja im Falle der Schweiz nicht gleich Liebe sein. Der frühere deutsche Bundespräsident Gustav Heinemann hat einmal gesagt, er liebe sein Frau, nicht sein Land, wohl wissend, wie viele üble Folgen die so genannte Vaterlandsliebe in der Geschichte schon hatte. So mag es durchaus genügen, sein eigenes Land zu mögen und zu respektieren. Und auch dafür gilt: Wer sich selbst nicht mag und respektiert, kann diese positiven Gefühle auch nicht für andere empfinden.

Sich selbst mögen und respektieren kann man nur, wenn man um den eigenen Wert weiss. Daraus erwächst Selbstvertrauen und Selbstbewusstsein. Selbstbewusstsein ist keine absolute Grösse. Wir können mehr oder weniger davon haben. Und damit eben auch zu wenig oder zu viel. Gesundes Selbstbewusstsein ist eine Frage des richtigen Masses.

Auch dieser Sinn für das richtige Mass ist die Frucht von Reifung. Reife Menschen haben einen hoch entwickelten Sinn für das richtige Mass, für die Balance zwischen den Polen. Dieser Sinn ist im persönlichen Leben wie in einer Gemeinschaft äusserst wertvoll, denn sehr oft geht es bei Entscheidungen eben nicht um richtig oder falsch, sondern um den Ausgleich zwischen Gegensätzen, um das richtige Mass also.

Gerade im Falle des Selbstbewusstseins ist das oft eine feine Linie, ein schmaler Grat. Wird diese Balance verlassen, kippt die Sache schnell ins Krankhafte: Menschen mit zu wenig Selbstbewusstsein leiden unter Minderwertigkeitskomplexen, Menschen mit zu viel davon unter Grössenwahn.

Erschwerend hinzu kommt, dass diese beiden Störungen oft gemeinsam auftreten: Wer unter einem heimlichen, das heisst nicht eingestandenen unterentwickelten Selbstbewusstsein leidet, kompensiert dies oft mit einem übersteigerten. Wer allzu forsch und selbstbewusst auftritt, verbirgt damit eine tief sitzende Verunsicherung.

Ähnlichkeiten zwischen dieser allgemeinen Diagnose und gewissen Phänomenen in der Schweiz, insbesondere in der Schweizer Politik, sind leider nicht ganz zufällig. Da wird der Wert der Schweiz – und vor allem auch der eigenen Werte – oft gewaltig überschätzt, weil man tief im Inneren nicht wirklich daran glaubt. Das ist nicht nur kein gesunder Zustand, es schreckt auch ab: Menschen und Länder, die diese ungesunde Mischung aus unterentwickeltem und übersteigertem Selbstbewusstsein ausstrahlen, mag man einfach nicht.

Gesundes Selbstbewusstsein dagegen wirkt äusserst attraktiv und ist deshalb für die Reife Schweiz ein erstrebenswerter Wert. Womit sich die Frage stellt, wie man ein solches gesundes Selbstbewusstsein erwirbt.

Die Antwort liegt in einem einfachen Bindestrich: Gesundes Selbstbewusstsein erwächst aus klarem Selbst-Bewusstsein, das heisst, aus dem Bewusstsein seiner selbst. Um es noch klarer zu formulieren: Selbstbewusstsein ist die Frucht von Selbsterkenntnis.

Und damit wiederum die Frucht von Reifung. Es braucht Zeit, sich selbst wirklich kennen zu lernen – und natürlich den Willen dazu. Selbsterkenntnis ist ein Abenteuer, das nie aufhört. So lange wir neugierig auf uns selbst sind, entdecken wir immer wieder neue Facetten. Das führt dazu, dass wir im Laufe eines langen Lebens ein immer klareres und differenzierteres Bild von uns selbst ausmalen können.

Mit Betonung auf können: Manche Menschen legen sich früh ein starres Selbstbild zu und klammern sich den Rest ihres Lebens daran. Dass das mit Reifung nichts zu tun hat, braucht nicht betont zu werden. In einem echten Reifungsprozess wird das Selbstbild immer besser, doch auch ein gutes Bild kann immer noch besser werden.

Im Verlaufe unserer Reifung lernen wir, den Blick auf uns selbst zunehmend zu objektivieren, sodass wir unsere hellen und dunklen Seiten erkennen können, unsere Stärken und Schwächen, unsere Möglichkeiten und Grenzen. Und wo wir dabei unvermeidliche blinde Flecken haben, helfen uns die Anderen mit ihrem Blick auf uns: Wie andere uns sehen, kann ein entscheidender Beitrag zur Selbsterkenntnis sein.

Für die Reife Schweiz gilt Ähnliches. Sie braucht für ihre Selbsterkenntnis sowohl den Blick von innen als auch jenen von aussen, sowohl Selbstbild wie Fremdbild. Wobei sich beim Selbstbild ein kleines Problem ergibt: Wer entscheidet eigentlich darüber, was das Selbstbild der Schweiz ist?

Diese Frage ist nicht ganz unerheblich, ist es doch offenkundig, dass sehr viele verschiedene Selbstbilder der Schweiz existieren, die das ganze Spektrum vom Schurkenstaat bis zum Idealstaat abdecken. Welches ist also das richtige Selbstbild der Schweiz?

In der Reifen Schweiz weiss man, dass diese Frage unsinnig ist. Niemand kann ein Monopol auf das richtige

Selbstbild beanspruchen. Vielmehr bildet jedes dieser Einzelbilder eine Facette des Gesamtbilds. In der Reifen Schweiz ist deshalb jedes Einzelbild willkommen, ist es doch geeignet, das Gesamtbild zu bereichern und abzurunden.

Natürlich geht diese gemeinschaftliche Entwicklung von Selbst-Bewusstsein nicht ohne Austausch und Dialog im Geiste des respektvollen Miteinanders. Und dieser Dialog ist nicht denkbar ohne Akteure mit einem gesunden Selbstbewusstsein, die den Wert der eigenen Sichtweise kennen, ohne deshalb die Sichtweise der Anderen abwerten zu müssen. Nur mit solchen Akteuren entsteht ein Austausch auf Augenhöhe, in dem die unterschiedlichen Sichtweisen der anderen als Bereicherung wahrgenommen werden und der Wert jedes einzelnen Beitrags für das Ganze geschätzt wird.

In der Reifen Schweiz entsteht so aus dem Austausch zwischen reifen, mit einem gesunden Selbstbewusstsein ausgestatteten Menschen allmählich ein Selbstbild, das geprägt ist von einem entschiedenen „sowohl als auch": Wir vertreten unsere Interessen und sind zugleich solidarisch mit anderen. Wir pflegen unsere Traditionen und sind zugleich offen für Neues. Wir sind manchmal engherzig und manchmal weitherzig, sind mal klug und mal weniger.

Dieses Selbst-Bewusstsein der Reifen Schweiz ist weniger strahlend und zugleich weniger trüb als manches einseitige Schweiz-Bild. Es hat dafür den grossen Vorteil, realistisch zu sein. Und ein realistisches Selbst-Bewusstsein ist die Voraussetzung für ein gesundes Selbstbewusstsein, das sich nicht kleiner macht, als wir sind, aber auch jede Form von Überheblichkeit vermeidet.

Ein solches gesundes Selbstbewusstsein zu entwickeln, ist eine Reife Leistung. Und eine, die sich lohnt...

4.8. Standfeste Offenheit

Die Reife Schweiz ruht in sich selbst, um offen auf andere zugehen zu können. Heimat und Welt sind keine Gegensätze, sondern bedingen sich gegenseitig, denn nur fest verwurzelte Bäume wachsen in den Himmel.

Im Verhältnis eines Landes zur Völkergemeinschaft spielen wie im Verhältnis einen Menschen zu der ihn umgebenden Gemeinschaft Grenzen eine wichtige Rolle. Dabei haben Grenzen immer eine doppelte Funktion: Sie sind einerseits dazu da, um abzugrenzen, und anderseits, um sie zu überschreiten.

Wenn ein Mensch sich gegenüber anderen nicht richtig abgrenzen kann, läuft er Gefahr, sich zu verlieren. Und wenn er sich zu sehr abgrenzt, wird er untauglich für das Leben in der Gemeinschaft. Einmal mehr haben wir es also mit Balance und richtigem Mass zu tun.

In der heutigen Schweiz könnte man in Bezug auf Grenzen den Eindruck bekommen, es gäbe nur zwei Alternativen: Entweder Isolation oder Integration, entweder Selbstbehauptung oder Aufgehen in etwas Grösserem. In der Reifen Schweiz dagegen klingen sofort die Alarmglocken, wenn jemand behauptet, es gäbe nur die Wahl zwischen zwei sich ausschliessenden Alternativen. Diese so genannte Alternativlosigkeit wird zu Recht als das betrachtet, was sie ist: ideologische Verblendung und damit verbundene Denkfaulheit.

Denkfaulheit ist eine üble Sache, denn dadurch schrumpft der geistige Raum und erzeugt so jene Enge, die einen befürchten lässt, das Platzangebot im eigenen Geist sei so klein, dass man darin nicht zwei oder mehr Gedanken gleichzeitig unterbringen könne. Hat man solche geistige Platzangst, wird jede neue Idee zur

Bedrohung, denn sie könnte ja die alte von ihrem angestammten Platz vertreiben. Diese Vorstellung ist, wie gereifte Menschen wissen, natürlich blanker Unsinn: In unserem Geist ist reichlich Platz vorhanden, sodass wir dort auch zunächst unvereinbare Ideen gleichzeitig unterbringen können.

Zum Beispiel die Ideen der Selbstbehauptung und der Offenheit. Wieder können wir dazu von reifen Menschen viel lernen: Wer gelassen und souverän in sich selbst ruht, hat die besten Voraussetzungen, um offen auf andere zugehen zu können. Warum sollte das bei einem Land anders sein?

Auch von einem gereiften Baum können wir lernen, dass sich Standfestigkeit und Offenheit nicht nur nicht ausschliessen, sondern sich sogar gegenseitig bedingen: Nur Bäume, die fest im Erdreich verwurzelt sind, können in den Himmel wachsen. Und nur wenn sie offen dem Himmel zu wachsen, gewinnen sie genug neue Energie, um ihre Wurzeln zu stärken.

Wurzeln im eigenen Land zu haben, schafft erst die Voraussetzungen, um neugierig und offen auf andere Menschen und Länder zugehen können. Und wer sich vor diesem offenen Luftaustausch fürchtet, läuft Gefahr, dass die eigenen Wurzeln ersticken.

Wurzeln im eigenen Land zu haben, ist also sinnvoll und nützlich. Etwas Eigenes zu sein und zu haben, ist nämlich ein elementarer Bestandteil von Identität. Identität ergibt sich nur aus diesem Gefühl, denn wenn wir nichts Eigenes hätten und stattdessen genau gleich wie alle anderen wären, wo bliebe da die Identität, etwas Einzigartiges und Unverwechselbares zu sein?

Kritisch wird dieses Gefühl von Einzigartigkeit erst, wenn wir uns als einzigen Sonderfall betrachten, denn das macht überheblich. Die Welt ist voll von Sonderfällen, von denen keiner den Anspruch erheben kann, der einzige zu sein. Eine Reife Schweiz erkennt das und fühlt sich wohl im Konzert von vielen verschiedenen Sonderfällen, die erst zusammen eine harmonische Melodie ergeben.

Ohne das im letzten Kapitel beschriebene gesunde Selbstbewusstsein lässt sich eine solche Haltung, die zum Eigenen steht, ohne das Andere abwerten zu müssen, nicht entwickeln. Die Werte der Reifen Schweiz hängen eben eng zusammen.

Von einem frühen Vertreter der Reifen Schweiz, Gottfried Keller, stammt der schöne Satz: »Achte jedes Mannes Vaterland, das Deine aber liebe!« (sorry, so reif war die Schweiz im 19. Jahrhundert noch nicht, dass sie in diesen Satz auch Frauen und Mutterländer eingeschlossen hätte...). Was engstirnige „Patrioten" nicht wahrhaben wollen, kommt hier schön zum Ausdruck: Man kann sein eigenes Land gern haben und zugleich offen und respektvoll auf andere zugehen und sich mit ihnen austauschen.

Im Grunde wissen das Schweizerinnen und Schweizer längst, sind sie doch immer zugleich Appenzeller (oder Baslerinnen), SchweizerInnen, EuropäerInnen und Weltbürger. Je nachdem, wo sie gerade sind und worum es im Moment geht.

Ein reifer Mensch hat gelernt, auf verschiedenen Hochzeiten zu tanzen. Er kann umgehen mit Komplexitäten, mit Uneindeutigkeiten und Widersprüchen. Er weiss, dass die Welt selten aus simplem Schwarz-Weiss besteht, sondern aus Grautönen und Farben. Er misstraut simplen Entweder-oder-Fragen und zieht ein entschiedenes Sowohl-als-auch vor. Deshalb wird er sich weder im Eigenen einigeln noch sich irgendjemandem unter Preisgabe des Eigenen an den Hals schmeissen. Er hat beides nicht nötig, weil er sowohl stolz auf das Eigene ist als auch weiss, dass dieses ohne intensiven Austausch mit der Welt keine Überlebenschance hat. In einer Welt enger gegenseitiger Verflechtungen und Abhängigkeiten vertrocknet sehr schnell, wer seine Grenzen abschottet.

Doch es sind keineswegs nur diese Zwänge des Faktischen, welche die Reife Schweiz offen auf die Welt zugehen lassen. Es ist auch der Wunsch, im respektvollen Miteinander Impulse für die eigene Weiterentwicklung zu erhalten, also von den anderen zu lernen. Viele Länder stehen nämlich vor ähnlichen Herausforderungen wie die Schweiz, etwa bei den Risiken und Chancen der älter werdenden Gesellschaft. Und wir wären vermessen, wenn wir davon ausgingen, nur wir würden dafür kreative Lösungen finden. Auch andere Mütter haben schöne und kluge Töchter, sprich auch andere Länder entwickeln und erproben im freien Wettbewerb der Ideen Lösungen, die wir uns abgucken können.

Das gilt hinüber wie herüber. Die Reife Schweiz weiss, dass sie beim Austausch von Ideen und Lösungen sowohl nimmt als auch gibt. Sie ist selbstbewusst genug, um zu erkennen, dass sie auf diesem geistigen Marktplatz eine ganze Menge zu bieten hat. Und sie ist nicht so überheblich, anzunehmen, sie könne nicht auch eine ganze Menge von den anderen lernen. Das ist es, was wir gesundes Selbstbewusstsein nennen.

Die Reife Schweiz hat den unsinnigen und unseligen Graben zwischen Unabhängigkeitsbewahrern und Integrationswilligen, zwischen Isolationisten und Globalisierern überwunden. Beide Positionen haben ihren Platz und ihre Berechtigung. Entscheidend ist allein, eine kluge und dem jeweiligen Bedarf angepasste Balance zwischen diesen Polen zu finden.

Was das im Einzelfall konkret bedeutet, wird die reifende Schweiz herausfinden müssen. Wenn sie das im Geist souveräner Gelassenheit und gesunden Selbstbewusstseins angeht, wird sie es schaffen.

4.9. Dankbare Zufriedenheit

In der Reifen Schweiz herrscht dankbare Zufriedenheit. Man akzeptiert wirtschaftliche Sättigungstendenzen auf hohem Niveau und konzentriert sich auf Qualität und Werte. Wahre Zufriedenheit kommt von innen.

Die amerikanische Verfassung benennt als eines der wichtigsten Staatsziele, das „Streben nach Glück" zu ermöglichen. Der europäische Skeptiker Sigmund Freud dagegen bezweifelt, dass menschliches Glück in der Schöpfung vorgesehen sei. Der kleine Himalaja-Staat Bhutan ergänzt das BIP, also das Bruttoinlandsprodukt als Massstab für die wirtschaftliche Leistungsfähigkeit eines Landes, durch ein so genanntes „Bruttoglücksprodukt". Diese Idee wird mittlerweile von anderen Ländern aufgegriffen, sieht man doch immer mehr ein, dass sich Wohlbefinden und Fortschritt eines Landes nicht nur an materiellen Wertmassstäben messen lassen, sondern dass dabei auch immaterielle Werte wie etwa Glück eine zentrale Rolle spielen.

Die Frage ist nur, um welche Werte es dabei gehen soll. Kann der oberste Massstab wirklich sein, wie glücklich wir sind? Das ist ein sehr hoher Anspruch. Glück ist bekanntlich eine launische Göttin, das heisst, ob sie ihr Füllhorn über uns ausschüttet, entscheidet sie und nicht wir. Und Glück ist ein flüchtiger Zustand, den wir zwar liebend gerne konservieren würden (»Denn jede Lust will Ewigkeit, will tiefe, tiefe Ewigkeit.« - Friedrich Nietzsche), von dem wir aber auch wissen, dass er unmöglich haltbar ist. Eine reife Geisteshaltung stellt sich die Frage, wie sinnvoll es ist, einem solchen unerreichbaren Ziel wie dauerhaftem Glück hinterher zu hecheln – und ob es nicht eine Stufe bescheidener auch ginge.

Tatsächlich strebt die Reife Schweiz nach einem realistischeren Ziel: Zufriedenheit. Im Gegensatz zu dauerhaftem Glück ist dauerhafte Zufriedenheit nämlich durchaus denkbar und möglich. Und noch einen grossen Vorteil hat Zufriedenheit gegenüber Glück: Wir können sie in starkem Masse selber beeinflussen.

Zufriedenheit ist nämlich nichts anderes als der Abstand zwischen unseren Erwartungen und der Realität: Je geringer dieser Abstand, desto höher unsere Zufriedenheit. Die Realität nun können wir nur bedingt beeinflussen, bei der Wahl unseres Erwartungsniveaus sind wir dagegen frei. Wenn wir also unrealistisch hohe Erwartungen auf ein vernünftiges Mass reduzieren, steigt damit unsere Zufriedenheit von selbst.

Natürlich gibt es auch zu tiefe Erwartungen, dann werden wir selbstzufrieden, satt und träge, was uns des Ansporns für Verbesserungen der Realität beraubt. Es geht auch hier um das richtige Mass. Interessanterweise streuen in vielen Studien gerade auch in der Schweiz die durchschnittlichen Zufriedenheitswerte um einen Wert von 75 bei maximal möglichen 100 Punkten. Das erscheint uns als Ausdruck eines reifen Sinns für das richtige Mass: Einerseits ist der Zufriedenheitswert beachtlich hoch – bei einem zu drei Vierteln gefüllten Glas kann von halb leer nun wirklich keine Rede sein. Andererseits bleibt nach oben genügend Spielraum für Verbesserungen und für die dafür nötige Motivation.

Nun hängt unsere Zufriedenheit nicht nur vom Niveau unserer Erwartungen ab, sondern auch davon, was wir wollen, was uns wichtig ist. In der Schweiz wie im Rest der Welt war die Antwort lange Zeit klar: Wohlstand. Wachstum. Lebensstandard. Und das hiess: mehr und mehr vom Selben. Das hatte fatale Folgen für unsere Zufriedenheit. Kaum war nämlich jeweils die nächsthöhere Stufe erreicht, waren wir schon wieder unzufrieden und wollten noch mehr. Das ist durchaus mit einer Sucht zu vergleichen, bei der ja auch die Dosis ständig erhöht werden muss, um nicht abzustürzen. So kann sich natürlich keine Zufriedenheit einstellen.

In der Reifen Schweiz ist diese Fixierung auf materielle Werte und stetiges Wachstum überwunden. Man akzeptiert, dass der materielle Wohlstand hier zu Lande an seine Sättigungsgrenzen stösst. Die Reife Schweiz ist auf der materiellen Ebene zufrieden mit dem bereits Erreichten, wozu sie allen Grund hat, ist sie doch, verglichen mit ihrer eigenen Vergangenheit und mit dem grösseren Teil der Welt, bereits unermesslich reich.

Deswegen wird die Reife Schweiz nicht satt und träge. Sie wendet sich einfach neuen Zielen zu und bündelt ihre Energien und Ressourcen in eine neue Richtung: möglichst gute Lebensqualität für möglichst viele. Da gibt es noch reichlich zu tun, denn Lebensqualität hat so viele Facetten, dass auf vielen Baustellen Herausforderungen warten.

Zu Selbstzufriedenheit besteht also auch in der Reifen Schweiz kein Anlass – wohl aber zu Zufriedenheit. Denn wenngleich es überall Verbesserungspotenziale gibt, so ist doch die Lebensqualität in all ihren Facetten in der Schweiz so gut, dass die meisten Menschen genügend Gründe haben, um zufrieden zu sein.

Gerade reifere Menschen teilen diese Ansicht. Entgegen anders lautenden Gerüchten sind nämlich ältere Menschen zufriedener als jüngere. Das liegt zum einen daran, dass sie gelernt haben, realistische Erwartungen an das Leben zu entwickeln, und zum anderen an ihren Möglichkeiten zu vergleichen, sei es mit der eigenen Vergangenheit oder mit anderen Weltgegenden. Sich seine Vergleichsmassstäbe so zu wählen, dass sie zufrieden machen statt unzufrieden, ist eben auch ein Ausdruck von Reife.

In die Zufriedenheit von reifen Menschen mischt sich meist ein wichtiges zusätzliches Element: Dankbarkeit. Diese Dankbarkeit beruht auf einer tiefen Erkenntnis: Alles, was uns im Leben gelingt, verdanken wir einer Mischung aus Eigenleistung und Gnade. Wer der „Absender" dieser Gnade ist, spielt dabei keine Rolle, wir können ihn Zufall nennen, oder Schicksal, oder Gott. Entscheidend ist einzig die Einsicht, dass wir im Leben Geschenke erhalten, die wir uns nicht verdient haben.

Allein die Tatsache, in einem privilegierten Land wie der Schweiz geboren worden zu sein, und nicht in einem Slum der dritten Welt, ist ein solches unverdientes Geschenk. Reife Menschen reagieren darauf, indem sie dafür dankbar sind. Und indem sie versuchen, sich des Geschenks würdig zu erweisen.

Solche Dankbarkeit verstärkt und vertieft unsere Zufriedenheit. Und das ist für die Reife Schweiz ein lohnendes Ziel. Sie weiss nämlich aus eigener Erfahrung, wie unbefriedigend es ist, wenn das Klima eines Landes von dauernder Unzufriedenheit geprägt ist, von Nörgelei und Maulerei. Das drückt auf die Stimmung und vergällt jede Lebensfreude.

Das ist kein Plädoyer für eine künstliche dauerhafte gute Laune. Jedes Leben enthält auch Zeiten der Trauer, des Unglücks, der Unzufriedenheit. Reife Zufriedenheit versteht es, auch diese Zeiten in das eigene Leben zu integrieren, ohne sich auf Dauer von ihnen niederdrücken zu lassen. Denn Gründe für dankbare Zufriedenheit gibt es in jedem Leben genug. Man muss sie nur sehen. Und zufrieden sein wollen.

Die Reife Schweiz besinnt sich auf ihre Herkunft als Willensnation und beschliesst, dankbare Zufriedenheit zu wollen. Und wo ein Wille ist, ist bekanntlich auch ein Weg...

4.10. Bejahte Evolution

Reifung in unserem Sinn bedeutet ständige Evolution. Die Individuen und das Land entwickeln sich weiter, nicht nur, um sich anzupassen, sondern auch aus eigenem kreativem Antrieb. Die Reife Schweiz weiss: Nur wer sich wandelt, kann sich treu bleiben.

Eines der Vorurteile des klassischen Altersbildes, das am meisten Furcht einflösst, lautet: Alter bedeutet Stillstand. Der unsinnige Begriff „Ruhestand" treibt es auf die Spitze: „Ruhe" und „Stand" bedeuten zusammen absolute Unbeweglichkeit.

Übertragen auf ganze Länder bedeutet dies die Furcht, älter werdende Gesellschaften verlören an Dynamik, würden sich nicht weiterentwickeln und schliesslich ganz erstarren. In diesem bösen Sinne war der Begriff „altes Europa" gemeint, den amerikanische Politiker zu Zeiten des Irak-Kriegs prägten. Ob sie die Schweiz dabei mit gemeint hatten, ist nicht überliefert, aber durchaus wahrscheinlich. Schliesslich gehört sie ohne Zweifel zu den älter werdenden Gesellschaften.

In jedem Vorurteil steckt ein kleiner wahrer Kern. Tatsächlich wachsen junge Bäume schneller als alte. Doch älteren Bäumen kein Entwicklungspotenzial mehr zuzutrauen, wäre ein grober Irrtum.

Das gilt auch für Menschen und Länder. Längst ist erwiesen, dass wir Menschen, anders als früher angenommen, bis ins hohe Alter dazulernen können. Dieses lebenslange Lernen, das wir auch Bewusstseinserweiterung nennen können, ist Bewegung, ist Entwicklung, und damit das Gegenteil von Stillstand.

Natürlich entwickelt sich die körperliche, also gleichsam materielle Beweglichkeit mit zunehmendem Alter eher rückläufig, auch bei Ländern: Junge Volkswirtschaften wachsen dynamisch, bei älteren braucht es mehr Anstrengungen, das erreichte Niveau überhaupt zu halten. Doch diese materielle Ebene ist nicht entscheidend, es geht um geistige Entwicklung.

Als die Menschheit noch an jugendlicher Selbstüberschätzung litt, hat sie den Menschen als ultimative Krönung und letzten Schritt der Schöpfung betrachtet. Heute wissen wir, dass der Mensch einfach das Produkt der biologischen Evolution ist, und dass diese Evolution ihren Endpunkt noch keineswegs erreicht hat, sondern weitergehen wird.

Wenngleich nicht in den Zeiträumen, die für uns interessant sind. Das macht aber nichts, denn die biologische Evolution ist bei uns Menschen längst durch eine geistige und kulturelle Evolution ergänzt, ja weitgehend abgelöst worden: Entwicklungen finden nicht mehr auf der Ebene von Zellen und Organen statt, sondern auf jener von Ideen und Denkmodellen. Der menschliche Fortschritt beruht darauf, dass wir laufend auf bessere Ideen kommen, also dazulernen.

In diesem Sinne bedeutet Reifung ganz einfach geistige Evolution, also das Gegenteil von Stillstand. Gerade in reiferen Jahren entdecken wir im Rückblick, dass wir ein Leben lang gereift sind. Warum sollte das nun plötzlich aufhören? Reife ist ein Idealzustand, den wir voraussichtlich nie ganz erreichen werden, aber dem wir uns ein Leben lang weiter annähern können.

Natürlich braucht es für einen solchen permanenten Reifungsprozess etliche geistige Voraussetzungen, Offenheit und Neugier zum Beispiel. Ebenso sind manche Denkmodelle hilfreicher als andere. Wenn wir unsere Ideen etwa als Gedankengebäude betrachten, laufen wir Gefahr, dass sich dieses Gebäude immer mehr verfestigt, ja, dass wir zu seiner Verteidigung Abwehrmauern errichten. Das führt natürlich zur geistigen Erstarrung.

Anders ist es, wenn wir das Bild vom Gedankenfluss verwenden. Ein Fluss ist immer in Bewegung und verändert sich durch den Zufluss neuer Seitenarme. Wenn wir unseren Geist als Fluss betrachten, brauchen wir uns also vor Stillstand und Erstarrung nicht zu fürchten.

Alles fliesst. Das wussten schon die alten Griechen. Und ein reifer Mensch weiss es ebenso. Wenn er auf sein Leben zurückblickt, nimmt er automatisch eine riesige Menge an Veränderungen wahr, in der äusseren Welt wie in seiner Innenwelt. Und er kann sich leicht ausrechnen, dass dieser Wandel weitergehen wird. So wird er zum Schluss kommen, dass der Wandel tatsächlich die einzige Konstante im Leben und in der Welt ist.

Allerdings macht es einen enormen Unterschied, ob wir diese Tatsache abwehrend und mürrisch hinnehmen, oder ob wir sie freudig bejahen. Zur ersten Reaktion neigen wir von Haus aus. Dem Menschen ist ein starkes Trägheitsmoment eingebaut. Es sorgt dafür, dass wir am liebsten alles so lassen würden, wie es ist. Veränderung bedeutet immer auch Loslassen, und das fällt uns nicht so leicht.

Gerade in reiferen Jahren entdecken wir, dass diese Neigung zum Konservativen, also zum bewahren Wollen des Bewährten, durchaus seine guten Seiten hat, weil das Neue keineswegs automatisch immer das Bessere ist. Auch die Reife Schweiz pflegt diese Tugend deshalb bewusst.

Doch diese Tugend schlägt ins Gegenteil um, wenn sie nicht ergänzt wird durch ihr Gegenteil, also durch die freudige Bejahung von Wandel, Entwicklung und Evolution. Und auch da hängen Person und Gemeinschaft eng zusammen: Wer sich gegen persönliche Entwicklung sträubt, wird auch gesellschaftlichen Wandel ablehnen.

Und wer den Wandel in seinem eigenen Leben freudig bejaht, bejaht auch den Wandel der Schweiz.

Reifung bedeutet, beide Seiten des Lebens, Bewahren und Wandel, zu integrieren und miteinander zu versöhnen. Im Laufe eines Reifungsprozesses können wir erfahren, dass diese beiden Seiten untrennbar sind: Im Laufe unseres Lebens haben sich die äusseren Umstände gewandelt. Und wir selbst haben uns verändert. Doch in unserem Wesenskern sind wir dieselben geblieben.

Hätten wir uns nicht gewandelt, wäre dieser innerste Wesenskern von Wasser, Nährstoffen und frischer Luft abgeschnitten worden und damit verkümmert. Gerade weil wir durch den Wandel immer für frische Zufuhr gesorgt haben, konnte unser Wesenskern sich entwickeln und blühen. So können wir als lernende Menschen wie als lernendes Land das Geheimnis entdecken: Nur wer sich wandelt, bleibt sich treu.

In seinem zu Recht berühmten Gedicht „Stufen“ beschreibt Hermann Hesse das Geheimnis bejahter Evolution besser, als wir es je könnten, weshalb wir hier zum Schluss die erste Strophe dieses Gedichts zitieren und es der Reifen Schweiz widmen:

Wie jede Blüte welkt und jede Jugend
Dem Alter weicht, blüht jede Lebensstufe,
Blüht jede Weisheit auch und jede Tugend
Zu ihrer Zeit und darf nicht ewig dauern.
Es muss das Herz bei jedem Lebensrufe
Bereit zum Abschied sein und Neubeginne,
Um sich in Tapferkeit und ohne Trauern
In andre, neue Bindungen zu geben.
Und jedem Anfang wohnt ein Zauber inne,
Der uns beschützt und der uns hilft, zu leben.

5. Ave Matura Helvetia

Wie wir die Vision verwirklichen

Die Schweiz ist weit herum das einzige Land, dessen Länderkürzel (CH) auf einer lateinischen Formulierung beruht: Confoederatio Helvetica. Helvetia ist die neulateinische Bezeichnung für Schweiz oder schweizerisch, und Confoederatio meint Eidgenossenschaft. CH steht also für die Schweizerische Eidgenossenschaft.

Doch warum wurde dafür die lateinische Sprache gewählt? Um keine der vier Landessprachen zu benachteiligen. Das erscheint uns ein bemerkenswerter Ausdruck von Reife zu sein. Wenn man unter vieren eine auswählt, benachteiligt man immer die drei anderen. Stattdessen eine fünfte Sprache ins Spiel zu bringen, ist eine kreative Lösung, gleichsam ein mediativer Ausgleich zwischen den verschiedenen Anspruchsgruppen.

Heute hat längst Englisch die Rolle der fünften Landessprache übernommen, doch auch die Rückbesinnung auf die alte Kultursprache Latein hat ihren Charme.

Weshalb wir bei der Titelgebung dieses Schlusskapitels beim Lateinischen geblieben sind.

Liebhaber von Kirchenmusik und Klassikerhits kennen natürlich das „Ave Maria", das „Gegrüsset seist Du, Maria". In unserem Fall heissen wir Helvetia willkommen, also jene Frauengestalt, die symbolisch für die Schweiz steht. Und „matura" ist das lateinische Wort für Reife: Wer die Matura macht, erhält das „Zeugnis der Reife". (Gemeint ist natürlich die Hochschulreife, keine generelle...)

Im Titel dieses Kapitels begrüssen wir also freudig die Reife Schweiz – und das ist auch bereits der erste Schritt auf dem Weg zur Realisierung der Vision Reife Schweiz.

Damit eine Vision sich entfalten kann, braucht sie bei ihren Empfängern – also bei Ihnen – zunächst mal eine positive Aufnahme. Wenn Sie ihr positive Gefühle entgegen bringen, blüht sie auf. Das ist bei einer Vision nicht anders als bei einem Menschen.

Deshalb hoffen wir natürlich auf den Wow-Effekt, also darauf, dass Sie nach der Lektüre der Vision sagen: »Wow! Dieses Bild der Reifen Schweiz gefällt mir.« Denn dann sind Sie motiviert, sich weiter mit der Vision zu beschäftigen.

Das wird nötig sein, damit sie sich entfalten kann. Wir haben in diesem Büchlein nämlich ganz bewusst nur ein grobes Gerüst gebaut und einige Aussenwände hochgezogen. Der ganze Innenausbau und die Einrichtung dieses visionären Gebäudes stehen noch aus. Und das ist nun Ihre Aufgabe: Lassen Sie sich von unserer Vision dazu inspirieren, sich Ihre eigenen Vorstellungen davon auszumalen, wie eine Reife Schweiz aussehen könnte.

Und dann benutzen Sie Ihre Phantasie, um sich vorzustellen, wie es sich für Sie in einer solchen Reifen Schweiz anfühlen würde. Wenn die von Ihnen ergänzte und ausgemalte Vision Reife Schweiz in Ihnen positive

Gefühle weckt, sind Sie offenkundig von ihr angesteckt. Und können jetzt beginnen, sie mit anderen zu teilen.

Denn natürlich macht eine Vision für ein ganzes Land wenig Sinn, wenn sie in einzelnen Köpfen stecken bleibt. Nur eine von möglichst vielen Menschen gemeinsam geteilte Vision kann ihre Wirkung auf das Ganze entfalten. Dazu braucht es ein Art von positiver Infektion: Wenn Sie von der Vision angesteckt worden sind, können sie damit auch andere anstecken.

Dafür können Sie Ihre persönlichen Kanäle nutzen. Verbreiten Sie dieses Büchlein in Ihrem Freundes- und Bekanntenkreis, bringen Sie es in Ihren Verein, in Ihre Partei ein. Dabei gilt: Begeisterung wirkt ansteckend...

Sie können Ihre Unterstützung für die Vision Reife Schweiz aber auch öffentlich bekannt geben. Auf der Internetseite www.reife.ch können Sie sich in die Liste derjenigen eintragen, welche unsere Vision teilen. Natürlich hoffen wir darauf, dass das so viele werden, dass der Ruf nach einer Reifen Schweiz nicht mehr überhört werden kann.

Auf derselben Internetplattform gibt es auch Gelegenheit, die Vision zu diskutieren, weiter auszumalen, zu ergänzen, zu konkretisieren – kurz, sie in einem von respektvollem Miteinander geprägten Austausch und Dialog weiterzuentwickeln. Dadurch wird sie noch mehr Lebendigkeit und Anziehungskraft entwickeln.

Lebendigkeit heisst Vielfalt, das heisst, es wird sich aus den Grundzügen unserer Vision nie eine uniforme Einheits-Vision entwickeln. Das ist gut so, denn wir hoffen, dass aus einer gemeinsamen Wurzel viele und vielfältig blühende Äste und Zweige wachsen.

Die Reife Schweiz integriert alle Generationen, und deshalb ist die Verbreitung und Weiterentwicklung der Vision Reife Schweiz keine Altersfrage. Willkommen sind vielmehr alle, denen die Zukunft der Schweiz am Herzen liegt.

Wir sind überzeugt davon, dass die Vision Reife Schweiz einen Weg in Richtung einer gedeihlichen und nachhaltigen Zukunft der Schweiz weist. Deshalb wünschen wir unserem nun in die Freiheit entlassenen geistigen Kind, dass es in vielen Köpfen und Herzen Aufnahme findet.

Frühling 2011

Andreas Giger / René Künzli

Weitere Informationen über die VISION REIFE SCHWEIZ und deren Weiterentwicklung und Verwirklichung, sowie über Unterstützungs- und Mitwirkungsmöglichkeiten finden Sie im Internet unter www.reife.ch.

Autoren und Träger der VISION REIFE SCHWEIZ

Andreas Giger

Dr. Andreas Giger, Jahrgang 1951, lebt und arbeitet als freier und unabhängiger Zukunfts-Philosoph, Autor und Photograph in Wald im schweizerischen Appenzellerland.

Giger studierte in Zürich Sozialwissenschaften und arbeitete, immer selbständig, in verschiedensten Feldern.

1996 gründete er „SensoNet", ein Netz von Zukunfts-LiebhaberInnen aus dem ganzen deutschsprachigen Raum, welche regelmäßig zum Thema Werte- und Bewusstseinswandel befragt wurden. 2009 erfolgte die Gründung von spirit.ch (siehe unten).

Giger ist Autor vieler Studien und Bücher. Mehr darüber und über Andreas Giger: www.gigerheimat.ch

Stiftung spirit.ch – Für Nachhaltige LebensQualität

Die Stiftung spirit.ch: Für Nachhaltige LebensQualität fördert die Verbreitung des neuen Leit-Werts „Nachhaltige LebensQualität" durch Forschung und Kommunikation, und leistet so einen Beitrag zum Werte-Wandel vom Lebensstandard zur Lebensqualität.

Da blinder Materialismus in die Irre führt, brauchen wir, persönlich wie gesellschaftlich, ein neues Projekt mit einem neuen Leit-Wert: Nachhaltige Lebensqualität. Doch darüber, was Lebensqualität und Nachhaltigkeit für die Menschen konkret bedeuten, wissen wir erstaunlich wenig. Diese Lücke will spirit.ch füllen. Zu diesem Zweck werden mit Hilfe innovativer Sozialforschung Studien durchgeführt, deren Ergebnisse allen Interessierten zugänglich gemacht werden. Mehr unter www.spirit.ch

René Künzli

René Künzli, Jahrgang 1941, übernahm nach seiner Ausbildung zum Kaufmann von seinen Eltern die Leitung des 1950 gegründeten Alters- und Erholungsheim „Neutal" in Berlingen (Thurgau).

Ab 1987 bis 2005 baute er zusätzlich die TERTIANUM-Gruppe, zuerst als Mitglied der Geschäftsleitung und in den letzten sieben Jahren als CEO und Inhaber, weiter auf und aus.

Ohne die tatkräftige und wertvolle Unterstützung durch seine Frau Silvia wäre dies alles nicht möglich gewesen. Sie hat sich der drei gemeinsamen Kinder intensiv angenommen und zudem das Ressort Personalwesen mit bis 185 Mitarbeitenden mit Kompetenz und Herz über 40 Jahre geführt. Gemeinsam mit ihr gründete er nach der Nachfolgeregelung Mitte 2005 die terzStiftung.

terzStiftung – Erfolg durch Werte

Die wertekulturellen Grundsätze, die bei TERTIANUM wichtig waren, prägen auch die terzStiftung, nachfolgend terz genannt.

terz will von Beginn der operativen Phase 2008 an mithelfen, den Generationenwandel fair und generationenverträglich zu gestalten. Die grösste Chance dies zu erreichen sieht terz darin, alles zu unternehmen, dass die reifere Generation möglichst lange aktiv, selbständig und selbstbestimmt in unserer Gesellschaft integriert bleibt. Wichtig ist terz, dass sie spannende Aufgaben übernehmen kann, wodurch sie auch die jüngere Generation entlastet. terz vertraut auf hohe Werte und schafft für Mitglieder der Gönnergemeinschaft Mehrwerte.

Warum wir die VISION REIFE SCHWEIZ unterstützen

Hier ist Platz für die Selbstdarstellung potenzieller Sponsoren